Natalie Lumpp

Weingüter
entlang der Autobahn

Inhalt

Liebe Weinliebhaber!

Lange Zeit schwirrte mir im Kopf herum, dass es noch kein praktisches Buch mit Genießertipps entlang der Autobahnen gibt. Dabei sind die meisten von uns heutzutage doch so oft unterwegs. Beim

Blättern in diesem Buch werden Sie sehen, wie schnell man wunderschöne Ziele erreichen kann. Man braucht dafür auch gar nicht viel Zeit – schon ein kurzer Abstecher, ein paar Stunden, ein halber Tag oder auch mal ein ganzer genügen, um die wunderbaren Weinorte zu besuchen.

Geht es Ihnen auch so, dass Sie bisweilen auf der Autobahn im Stau stehen und die Zeit als nutzlos empfinden? Fahren Sie doch einfach mal bei der nächsten Ausfahrt ab. Eine Pause muss man eh irgendwann einlegen, also wählen Sie doch lieber einen hübschen Gasthof im Grünen statt die vielleicht hektische Raststätte.

Genießen Sie entspannte Stunden in ausgezeichneten Weingütern, lassen Sie sich in gemütlichen Restaurants verwöhnen oder verbinden Sie den Stopp mit einer spontanen Übernachtung in einem charmanten Hotel. Wem sage ich es, dass die ungeplanten Entscheidungen oft die schönsten sind – und häufig noch lange Zeit in Erinnerung bleiben!

Beim Stöbern auf den folgenden Seiten werden Sie merken, dass sich bei den Weingütern viel tut. Früher wäre es undenkbar gewesen, am Wochenende ein Weingut zu besuchen. Heute haben die meisten Winzer nicht nur am Samstag Weinverkauf, immer mehr öffnen sogar am Sonntag ihre Pforten. Und viele führen neben dem Weingut auch ein Restaurant oder bieten sogar Übernachtungsmöglichkeiten an.

Je nach Region sind die Strauß- oder Besenwirtschaften richtig Kult! In rustikaler, gemütlicher Umgebung werden hier die eigenen Tropfen ausgeschenkt und natürlich dürfen die regionalen Spezialitäten dazu nicht fehlen. Meist sitzen die Gäste so eng zusammen, dass neue Bekanntschaften garantiert sind. Es kann auch mal vorkommen, dass Sie musikalisch mit einstimmen müssen oder mit mindestens fünf neuen Witzen nach Hause gehen.

Lohnenswert ist es in jedem Fall, vor einer Wochenendplanung auf die Webseiten der jeweiligen Weingüter zu schauen. So manches Event bei den Winzern oder in der Region könnte Ihren Aufenthalt zu einem unvergesslichen Erlebnis machen …

Noch ein persönlicher Tipp von mir: Lassen Sie vor Antritt der Fahrt ein bissel Platz im Auto, damit Sie noch den einen und anderen guten Wein erwerben können!

Viel Freude und ein herzliches Cheers!

Mosel, Ahr Mittelrhein & Nahe

A 602

A 565

A 573

A 571

A 61

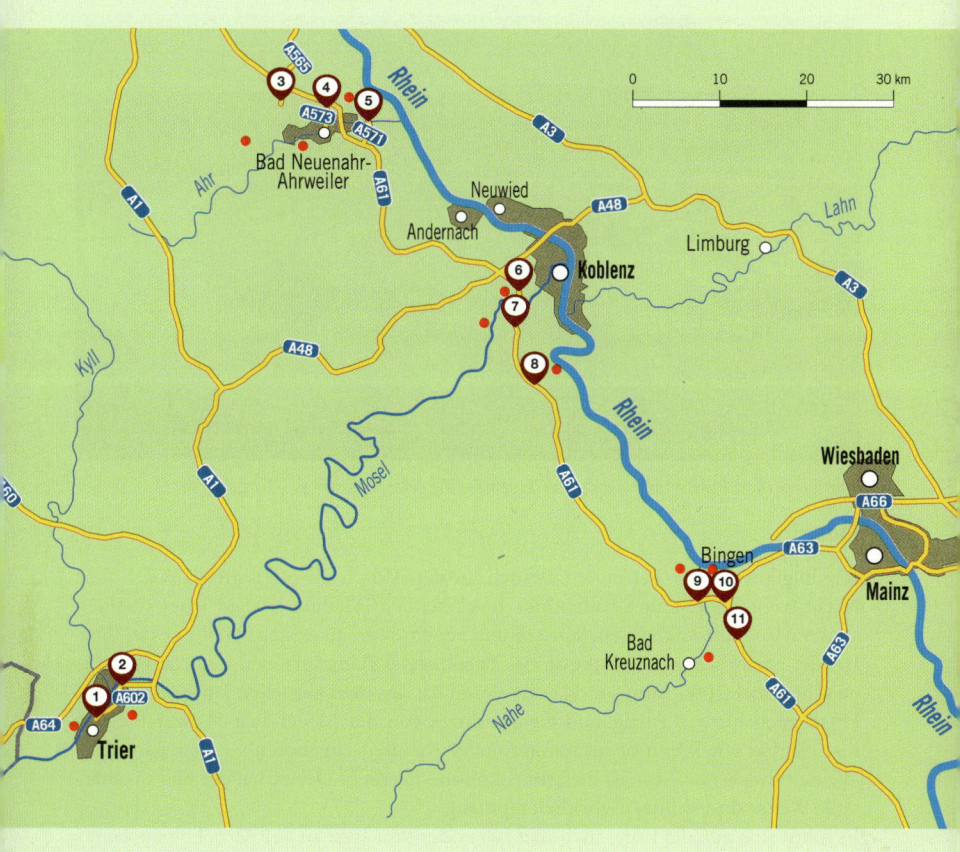

Wandersteige mit fantastischen Weinen

Oft fotografiert und immer wieder ein Erlebnis: die Moselschleife bei Trittenheim.

Mosel

Rieslingfans schlägt bei einem Besuch an der Mosel das Herz gleich viel höher. Nicht wenige Weingüter bauen hier ausschließlich Riesling an. Seit jeher wachsen an der Mosel die leichtesten, feinsten und auch mit die teuersten Rieslinge der Welt. Bei der alljährlichen Weinauktion des Bernkasteler Rings erzielen manche Rieslinge schon mal 3 000 Euro pro Flasche – und das aus dem aktuellen Jahrgang.

Doch auch für den Alltag sind die Rieslinge von der Mosel-Saar-Ruwer-Region unschlagbar gut. Wenn sie als feinherb oder Kabinett angeboten werden, haben die Weine oftmals nur 7 bis 10 Prozent Alkohol – herrlich! Derart leichte und qualitätvolle Weine sind weltweit wirklich einmalig.

Es lohnt sich auf alle Fälle, auch mal zwei oder drei Tage an der Mosel einzuplanen. Wunderschöne Wanderwege, wie der 365 Kilometer lange Moselsteig, laden ein, die Schieferterrassen der Mosel nach Herzenslust zu erkunden. Neben den Weingütern, die auf den folgenden Seiten beschrieben sind, gibt es noch viel mehr empfehlenswerte, allerdings liegen sie etwas weiter von der Autobahn entfernt. Machen Sie sich auf zu eigenen Entdeckungen im Hinterland. Im Gegensatz zu anderen Regionen sind an der Mosel viele gute Weingüter noch nicht so recht auf Touristen eingestellt. Es ist deshalb sinnvoll, sich vorher telefonisch anzumelden.

Ahr

Das nur 30 Kilometer lange Weingebiet mit seinen rund 520 Hektar ist vor allem für seine hervorragenden Rotweine bekannt. Anfangs habe ich mich gewundert, dass ausgerechnet in dieser nördlicheren und entsprechend kühleren Weinregion so viel Rotwein angebaut wird, denn Rotwein bevorzugt ja eher ein wärmeres Klima. Ich bin dem Geheimnis aber auf die Spur gekommen: Die Reben gedeihen an den Steilhängen auf Schiefer, der tagsüber die Sonnenwärme aufnimmt und in der Nacht wieder abgibt. Wenn Sie bei Ihrem Besuch ein bisschen Zeit haben, sollten Sie unbedingt den Ahrsteig und den Rotweinwanderweg ablaufen. Ein Traum!

Mittelrhein

Mit 450 Hektar Rebfläche (manche internationale Weingüter haben alleine schon die doppelte Rebflächengröße), gehört der Mittelrhein zu den kleinsten Weinregionen in Deutschland. Aber bitte unterschätzen Sie die Region nicht. Zauberhaft liegen die alten Weinstädte wie Bacharach oder Boppard direkt am Rhein, und es gibt obendrein jede Menge imposante Burgen zu besichtigen. Für einen Besuch auf den Weingütern sollte man sich, wie an der Mosel, am besten vorher anmelden.

Nahe

Weintechnisch ist die Region noch sehr unterschätzt – dabei gehören Nahe-Rieslinge zu den besten der Welt. Doch es gibt hier nicht nur Riesling: Liebhaber von Weiß-, Grau- oder Spätburgunder kommen ebenfalls voll auf ihre Kosten. Leckere Roséweine, frische Sauvignon Blanc, wunderbare Bukettweine wie Muskateller und Gewürztraminer – es gibt hier einfach alles. Kulinarisch machen die kleinen, feinen Restaurants, die wunderbaren Weinstuben oder das Feinschmeckerlokal von Johann Lafer viel Freude.

Alte Burgen und feine Weine – ein Stopp in Bacharach (Mittelrhein) ist Urlaub pur.

Bischöfliche Weingüter

30 000 Quadratmeter unter der Stadt

Die Bischöflichen Weingüter Trier sind eigentlich schon Kult. Durch den Zusammenschluss von drei bedeutenden Gütern, dem Bischöflichen Konvikt (gegründet 1840), dem Bischöflichen Priesterseminar (gegründet 1773) und der Hohen Domkirche (gegründet 1851) ist im Jahr 1966 ein Betrieb mit Weinbergen in absoluten Spitzenlagen entstanden. Entsprechend verfügen die Bischöflichen Weingüter heute über stattliche 98 Hektar Rebflächen (zusammen mit dem ebenfalls zum Besitz gehörenden Zweitweingut Friedrich-Wilhelm-Gymnasium sind es sogar 130 Hektar). Also musste ein passender Weinkeller gefunden werden. Der liegt unter der Trierer Innenstadt und ist so groß, dass Güterdirektor Dr. Karsten Weyand und Kellermeister Johannes Becker sich dort unten aufs Fahrrad schwingen. 30 000 unvorstellbare Quadratmeter Fläche in Gewölben, die – zumindest in Teilen – bis auf das siebte Jahrhundert zurückgehen. Ich kann Ihnen unbedingt empfehlen, eine der Kellerführungen mitzumachen – natürlich mit anschließender Weinprobe.

5,4 km | 9 Min Gervasiusstraße 1, 54290 Trier, Tel. 06 51/14 57 60. www.bischoeflicheweingueter.de. Öffnungszeiten: Mo.–Fr. 8 bis 18 Uhr, Sa. 10 bis 14 Uhr. Ruhetag: So.

Die Weine €

Probieren Sie mal einen Riesling mit etwas Restsüße. Sie werden überrascht sein, wie leicht und lecker er ist, etwa der *Riesling Saar fein herb.* Aber auch im trockenen Bereich haben die Bischöflichen Weingüter eine große Auswahl – sogar im „normalen" Preissegment zwischen 6,90 € und 9,60 €, wie der *Weißburgunder Dom trocken* oder der *Erdener Riesling Kabinett trocken.*

RESTAURANT WEINHAUS €€ €€

Genau gegenüber des Geburtshauses von Karl Marx liegt das gemütliche, wie eine Bibliothek ausgestattete Weinbistro mit fantasievollem Speisenangebot und den besten Weinen von Mosel, Saar und Ruwer. Wenn Sie hier Wein kaufen, bekommen Sie alle Flaschen zum gleichen Preis wie direkt auf den Weingütern. Auch in der Gaststube zahlen Sie nur einen Aufschlag von 6 € pro Flasche. Also lohnt es sich, gleich ein Paket mit Tropfen verschiedener Erzeuger zu schnüren – wer klappert schon sechs verschiedene Winzer ab, wenn er alles auf einen Streich bekommen kann? *Hauptgerichte ab etwa 10 €.*

4,8 km | 9 Min Brückenstraße 7, 54290 Trier, Tel. 06 51/1 70 49 24. www.weinhaus-trier.de. Öffnungszeiten: Mo.–Fr. ab 10.30 Uhr, Sa. und So. ab 11 Uhr (Küche 11.30 bis 14.30 und 18 bis 22 Uhr, Sa. durchgehend).

HOTEL EURENER HOF €€ €€

Schon seit 1906 – mittlerweile in der vierten Generation – wird dieses sympathische Hotel als Familienbetrieb geführt. Dabei hat es Familie Haag ständig erweitert und modernisiert. Das 4-Sterne-Haus bietet geräumige Zimmer mit gehobener Ausstattung. Der ausgedehnte Wellnessbereich mit Schwimmbad, mehreren Saunen und Fitnessbereich wirkt einladend und gepflegt. Den Service im gesamten Hotel habe ich als sehr aufmerksam, aber nicht als aufdringlich empfunden. Die Ausstattung in den Zimmern und im Restaurant mit viel Holzarbeiten im Stil des „Schwarzwälder Barock" hat mich an Klassiker der Gegend erinnert, wie das Bareiss in Baiersbronn oder den Dollenberg. Dieses Haus ist einfach ein Ort zum Wohlfühlen. *Doppelzimmer mit Frühstück ab 108 €.*

8 km | 13 Min Eurener Straße 171, 54294 Trier, Tel. 06 51/8 24 00. www.eurener-hof.de.

FÜR ENTDECKER >> *Die Porta Nigra kennt natürlich jeder, allerdings gibt es in Trier noch viel mehr römische Ausgrabungen zu entdecken. Mitten im Zentrum finden Sie auch tolle Funde aus der Römerzeit – sie sind überdacht und als Museum hergerichtet.* <<

Karthäuserhof

Alte Pracht – im wahrsten Sinne des Wortes

Christoph Tyrell – von Hause aus Jurist - führt das geschichtsträchtige Weingut bereits in sechster Generation. Die Ursprünge des Besitzes lassen sich bis ins Jahr 1335

zurückverfolgen. Damals bekamen Karthäusermönche den Besitz von Kurfürst Balduin von Luxemburg als Geschenk. Zur Zeit der Säkularisation wurde es an die heutige Besitzerfamilie versteigert. Eine Ahnung vom historischen Glanz bekommt man bei Verkostungen im 1895 eingerichteten Probierzimmer. Weithin berühmt ist das Weingut für seine wunderbar leichten, aber auch charaktervollen Rieslinge und die ebenfalls exzellenten Weißburgunder. Die Flaschen vom Eitelsbacher Karthäuserhof erkennt man auf den ersten Blick, da sie statt des herkömmlichen Etiketts nur eine „Halsschleife" tragen. Der rund 19 Hektar große Rebhang, im Seitental der Ruwer gelegen, ist als Monopollage im Alleinbesitz und verfügt über ein ganz spezielles Mikroklima.

3,9 km | 7 Min ▸ Karthäuser Hof 1, 54292 Trier, Tel. 06 51/51 21. www.karthaeuserhof.com. Öffnungszeiten: Mo.–Fr. 9 bis 16.30 Uhr, April bis Oktober auch Sa. 10 bis 15 Uhr. Ruhetag: So.

Die Weine € €

Die Rieslinge präsentieren sich vielschichtig, duften wie ein Korb voller Kräuter, gepaart mit Frucht. Sie sind tiefgründig und bleiben erstaunlich schlank und lang anhaltend. Mein Favorit: der trockene *Riesling aus alten Reben*. Er ist unglaublich konzentriert, erinnert an Minze und Eukalyptus und ist so saftig, dass er Appetit auf mehr macht. Oder der *Schieferkristall trocken* mit nicht mal 11 % Alkohol. Sein Duft erinnert an Ananas und lässt einem das Wasser im Mund zusammenlaufen.

RESTAURANT GRÜNHÄUSER MÜHLE ⓔ ⓔ

In der alten, schön restaurierten Mühle aus dem 18. Jahrhundert weht ein guter Geist. Küchenchef Mirko Scholz hat Spaß an französischer Küche, und er kombiniert sie gerne mit regionalen Aspekten. Man erwartet nicht gleich, was es hier gibt: Hummerschaumsuppe mit gebratener Gänseleber oder Lammkarree mit Gremolata und Kartoffel-Gemüse-Türmchen. Mirko ist flexibel: Er bietet auch Flammkuchen oder Pilzragout mit Tagliatelle an. Sehr beliebt ist sein Bretonisches Meeresfrüchte-Gabeldinner am Donnerstag. Die Weinkarte listet zu moderaten Preisen eine sehr gute Auswahl hiesiger Spitzenwinzer, ergänzt mit internationalen Kreszenzen. *Hauptgerichte von etwa 14 bis 32 €.*

7,8 km | 9 Min ▶ Hauptstraße 4, 54318 Mertesdorf, Tel. 06 51/5 24 34. www.gruenhaeuser-muehle.de. Öffnungszeiten: Mi.–Sa. 17.30 bis 22 Uhr, So. 11.30 bis 14.30 und 17.30 bis 22 Uhr. Ruhetage: Mo. und Di.

HOTEL UND RESTAURANT WEINGUT WEIS ⓔ ⓔ

Das 4-Sterne-Hotel im Ruwertal ist ein idealer Ausgangspunkt zum Wandern, Radfahren und für Ausflüge zu den renommierten Weingütern. Die hellen, hübsch gestalteten Zimmer sind mit Weinnamen versehen, wie Grünhäuser, Herrenberg oder Maximiner. Gleiches gilt auch für den Wellness-Bereich „Riesling Spa". Neben der Gutsweinstube ist das Restaurant VINUM sehr beliebt. Eine tolle Ergänzung ist es, dass ein spezielles Spa-Arrangement mit leichtem 3-Gänge-Menü angeboten wird. Kenner schätzen die Gastgeberfamilie Weis auch für ihre sehr guten Weine vom eigenen Weingut Erben von Beulwitz. *Doppelzimmer mit Frühstück ab 99 €.*

7,5 km | 8 Min ▶ Eitelsbacher Straße. 4, 54318 Mertesdorf, Tel. 06 51/9 56 10. www.hotel-weis.de.

FÜR ENTDECKER >> *Auch von hier lohnt sich ein Abstecher nach Trier. Der Dom mit 1750 Jahren Geschichte ist ein Muss, und wenn Sie sich dafür interessieren, schauen Sie gleich nebenan noch die Liebfrauenkirche und die Konstantin-Basilika an. Kinder freuen sich auf einen Besuch in einem der schönsten Spielwarengeschäfte, die ich kenne: die Rappelkiste (Liebfrauenstraße 5).* <<

Sermann~Kreuzberg

Die feinsten roten Burgunderweine

Die Ahr steht natürlich für Spätburgunder und Frühburgunder. Letzterer wird schon zwei Wochen früher reif, und die Weine schmecken manchmal noch etwas beeriger als der Spätburgunder. Aber beide Sorten bringen wunderbar elegante und subtile Rotweine hervor. 1995 übernahm der quirlige Klaus Sermann das bestehende Weingut, und er brachte den Betrieb innerhalb kurzer Jahre an die Spitze der Ahr. Heute freut er sich, dass sein Sohn Lukas auch schon vier Jahre im Weinkeller dabei ist. Der Junior hat nach seinem Weinbau- und Önologiestudium noch weitere zwei Jahre internationale Weinwirtschaft studiert. Mit seinen Erfahrungen will er nun auch sukzessive mehr Verantwortung zu Hause übernehmen. Wenn es klappt, dass mehrere Familienmitglieder Hand in Hand arbeiten, werde ich immer ganz euphorisch. Gestartet haben Vater und Sohn, als Lukas 2011 mit seinem ersten eigenen Spätburgunder begann. Ich gestehe, am liebsten ist es mir, wenn man zum Wein auch gleich noch das passende Essen bekommt. In dem hübschen, hellen und sonnigen Gutsausschank ist das der Fall. Dort werden zum Beispiel Rillettes vom Kaninchen angeboten oder Bratwürstchen vom heimischen Wildschwein mit Kartoffelsalat. Für alle, die ein bisschen länger bleiben wollen, stehen vier Gästezimmer zur Verfügung.

11,5 km | 13 Min ▶ Seilbahnstraße 22, 53505 Altenahr, Tel. 0 26 43/71 05. www.sermann.de. Öffnungszeiten: täglich 10 bis 18 Uhr, Mi. nur nach Vereinbarung.

Die Weine €

Schon der einfache *Spätburgunder* für 6,40 € ist wirklich fein. Er duftet nach Kirschen und warmer Erde und hat einen sehr ausgewogenen Körper. Richtig Appetit macht der *Riesling*, der einen Duft nach Limonen und einem ganzen Strauß Blumen besitzt und sich unkompliziert trinken lässt.

KLEINERTZ RESTAURANT €€

Das Fachwerkhaus unmittelbar am Marktplatz der Altstadt von Bad Neuahr-Ahrweiler stammt aus dem 15. Jahrhundert und hatte wohl als Zehnthof für das Kloster Prüm gedient. Im Rahmen der Säkularisation wurde es verkauft und fungierte bis 1939 als Poststation. Seit 2009 betreibt Arnd Kleinertz hier erfolgreich sein Restaurant und verwöhnt seine Gäste auf drei Etagen mit regional orientierter, gutbürgerlicher Küche. In der warmen Jahreszeit kann man auf einer großen Terrasse Platz nehmen und im Schatten der Laurentius-Kirche dem Treiben auf dem Marktplatz zuschauen. Bei Kleinertz kommen auch Vegetarier auf ihre Kosten, etwa bei Hausgemachten Ravioli mit feiner Blaubeer-Schafskäsefüllung. Veganer freuen sich über Kartoffel-Brokkoli-Rösti mit Trüffelschaum. Wer's deftiger mag, greift vielleicht zum Ahrweiler Römerbraten unter der Lorbeerkruste, gegart in Ahr-Spätburgunder-Soße. *Hauptgerichte von etwa 14 bis 19 €.*

14,2 km | 11 Min Marktplatz 12, 53474 Bad Neuenahr-Ahrweiler, Tel. 0 26 41/ 90 51 81. www.kleinertz-restaurant.de. Öffnungszeiten: täglich 11.30 bis 24 Uhr.

HOTEL RULAND €

Dieses 3-Sterne-Hotel im Zentrum von Altenahr wird schon seit 1870 als Familienbetrieb geführt. Im Stammhaus wie im Brunnenhaus nächtigen Sie in gemütlichen, hellen, modern und großzügig ausgestatteten Zimmern – zum Teil mit Balkon und Aussicht auf die Ahr und die umliegenden Weinberge. Die Besitzerfamilie und auch die übrigen Mitarbeiter begleiten Sie mit einem sehr aufmerksamen und freundlichen Service. Sie vermitteln auch gerne eine Weinprobe, eine Weinbergführung oder empfehlen Wanderungen am Ahrsteig oder auf dem Rotweinwanderweg. *Doppelzimmer mit Frühstück ab 70 €.*

12,8 km | 12 Min Brückenstraße 6, 53505 Altenahr, Tel. 0 26 43/83 18. www.hotel-ruland.de.

FÜR ENTDECKER >> *Hier lohnt es sich, die Wanderstiefel zu schnüren: In Altenahr endet der in vier Etappen gegliederte Ahrsteig. Gerade das letzte Teilstück ist sehr reizvoll, und man kann völlig in die Abgeschiedenheit der Natur eintauchen.* <<

Peter Kriechel

Dieser Spätburgunder rockt

Sofort merken Sie, dass hier junge Leute großen Spaß haben! Peter Kriechel junior arbeitet mit Bruder Michael, Cousin Gerd und Senior Ernst sehr innovativ und erfolgreich zusammen.

Richtig Laune machen die Veranstaltungen auf dem Weingut, wie die jährlich im Spätherbst stattfindende Rock & Folk Party. Und der Weinstand, den Kriechels jedes Jahr von Mitte August bis November auf dem Wanderparkplatz oberhalb des Hotels Hohenzollern aufbauen, gehört seit mehreren Jahren zu den Highlights des Rotweinwanderwegs. Was im Jahr 1952 im Kleinformat mit 1,5 Hektar begann, ist heute mit 24,5 Hektar das größte Privatweingut an der Ahr. Unweit davon können Sie in den gemütlichen Ferienwohnungen des Guts nächtigen.

3,9 km | 4 Min Walporzheimer Straße 83–85, 53474 Bad Neuenahr-Ahrweiler, Tel. 0 26 41/3 61 93. www.weingut-kriechel.de.
Öffnungszeiten: Mo.–Fr. 9 bis 17 Uhr, Sa. und So. 12 bis 17 Uhr.

Die Weine €€

Echt schwer fällt die Wahl zwischen ihren exzellenten Früh- und Spätburgundern. Für Burgunderweine kommen sie erstaunlich dunkelfarben daher, und sie wirken modern und zeitgemäß gearbeitet. Kriechels Rotweine zählen mittlerweile zu den besten in Deutschland (u.a. Sieger Deutscher Rotweinpreis 2013, beste Jungwinzer Deutschlands). Einer meiner Favoriten ist der *Neuenahrer Sonnenberg Spätburgunder,* der typische Fruchtaromen, zum Beispiel Kirsche, widerspiegelt, sich dabei aber auch komplex und würzig entfaltet.

BROGSITTERS SANCT PETER RESTAURANT ⓔⓔⓔ

Brogsitter ist eine Institution! Weingut, Weinhändler, Hotel und das wunderschöne Restaurant St. Peter – alles ist absolut empfehlenswert. Seit über 400 Jahren ist die Familie im Weingewerbe zu Hause und hat ein entsprechend breit gefächertes, exzellentes Sortiment aufgebaut. Bei den eigenen Weinen liegt der Schwerpunkt auf hervorragenden roten Burgundern, aber auch auf den Sekten. Lohnenswert ist ein Besuch im historischen Gasthaus von 1246. Zur sensationellen Weinkarte bekommen Sie eine ausgezeichnete klassisch-regionale Küche. Das Gourmetrestaurant gehört ebenfalls zu den besten des Landes. Im Sommer sitzen Sie auf der wunderschönen Gartenterrasse. Nur zwei Gehminuten entfernt können Sie im zauberhaften Romantikhotel in der 100 Jahre alten Villa übernachten. *Hauptgerichte etwa 20 bis 48 €.*

▶ **4,2 km | 4 Min** Walporzheimer Straße 134, 53474 Bad Neuenahr-Ahrweiler, Tel. 0 26 41/9 77 50. www.sanct-peter.de. Öffnungszeiten: täglich, Do. nur an oder vor einem Feiertag. Vinothek ab 10 Uhr. Küchenzeiten Weinkirche: 12 bis 14.30 und 18.30 bis 22.30 Uhr, Kaminstube 12 bis 23 Uhr, Gourmetrestaurant ab 18 Uhr.

SETA HOTEL ⓔⓔ

Mit gut 100 Zimmern gehört das SETA Hotel schon zu den größeren Häusern in der Region, aber dennoch spüren Sie sofort, wie familiär die Besitzer es seit vielen Jahren führen. Mit wunderschönen Blumenarrangements zaubern sie eine besondere Atmosphäre. Das Hotel ist perfekt gelegen – unweit von Casino und Thermen. Wobei es Pool, Sauna und Dampfbad auch im Hotel gibt. Ein besonderer Service: Man kann sich Räder und E-Bikes ausleihen. *Doppelzimmer mit Frühstück ab 125 €.*

▶ **2,3 km | 4 Min** Landgrafenstraße 41, 53474 Bad Neuenahr-Ahrweiler, Tel. 0 26 41/80 30. www.setahotel.de.

FÜR ENTDECKER >> *Der 35 Kilometer lange Rotweinwanderweg führt durch die Weinbergterrassen zwischen Bad Bodendorf und Altenahr. Er ist wunderschön, aber leider auch oft voll. Mein Tipp: Wandern Sie dort einmal außerhalb der Saison. Gerade im Winter kann es herrlich sein – der Weg verläuft auf der Sonnenseite des Tals.* <<

Burggarten

Gemeinsam sind sie stark

Ich finde, man kann es gar nicht hoch genug anrechnen, wenn in einer Familie zwei Generationen unter einem Dach tätig sind, beziehungsweise wenn die drei Söhne

Hand in Hand arbeiten. Paul Josef Schäfer muss alles richtig gemacht haben, dass das mit seinen Buben Michael, Heiko und Andreas so gut klappt. Und ihre Weine sind wirklich Spitzenklasse! Gemeinsam mit ihren nunmehr vier Familien konnten Vater und Söhne in den letzten Jahren expandieren, sodass sie heute stolze 16 Hektar ihr eigen nennen. Nachdem auch der Keller zu klein wurde, haben sie ein neues Domizil im ehemaligen Heppinger Winzerverein gefunden. Dabei wurde der Schwerpunkt noch mehr auf ihre Königsklasse, den Spätburgunder, verlagert. Seit 2005 bieten die Schäfers in ihrem Weinquartier auch 14 sehr hübsche Themenzimmer an, wie zum Beispiel das Burgunder Domizil, die Domina-Kammer oder das Weißburgunder-Gelass.

0,9 km | 2 Min ▶ Landskroner Straße 61, 53474 Bad Neuenahr-Ahrweiler, Tel. 0 26 41/2 12 80. www.weingut-burggarten.de. Öffnungszeiten: Mo.–Fr. 10 bis 12.30 und 13.30 bis 18 Uhr, Sa. und So. 10 bis 13 Uhr.

Die Weine ⓔ ⓔ

Neben ihren feinen und eleganten Weißweinen liegt der Schwerpunkt natürlich auf den roten Burgunderweinen, wie es sich für die Ahr geziemt. Seit sie 2013 den Deutschen Rotweinpreis gewonnen haben, schwärmt wirklich jeder von den Weinen der Schäfers. Unbedingt mitnehmen sollten Sie den *Neuenahrer Frühburgunder trocken* – ein komplexer Burgunderwein, der sich ungemein fruchtig trinkt.

RESTAURANT FREUDENREICH IM WEINGUT NELLES ⓔⓔ

Das Weingut Nelles ist im Ahrtal eine Institution, und auch weit über die Region hinaus bekannt. Besonders die Rotweine sind Kult. Der jung gebliebene Thomas Nelles bildet mit seinem Sohn Philip ein „sensatioNelles" Gespann. Bereits in den 70er-Jahren hatte er die Liegenschaft der Winzergenossenschaft Heimersheim erworben und umgestaltet. Dort betreiben Lothar und Sabine Freudenreich seit 1993 ihr Restaurant, das sie zur großen Freude der Besitzerfamilie zu einer gesuchten kulinarischen Adresse gemacht haben. Auf der Karte finden sich regionale, aber auch internationale Gerichte vom Tafelspitz bis zum Hummer. Dazu werden u.a. die Weine der Gutkollektion geboten; das Preis-Leistungs-Verhältnis ist unschlagbar. Im Sommer speisen Sie vermutlich gerne auf der wunderschönen Terrase. Außerdem bieten die Freudenreichs auch komfortable, modern eingerichtete Zimmer an. *Hauptgerichte etwa 24 €.*

2 km | 5 Min Göppinger Straße 13, 53474 Bad Neuenahr-Ahrweiler, Tel. 0 26 41/68 68. www.restaurant-freudenreich.de. Öffnungszeiten: Mi.–So. 17.30 bis 22 Uhr, Sa., So. und Feiertage 12 bis 15 Uhr.

STEINHEUERS HOTEL LANDHAUS ⓔⓔ

Steinheuers betreiben nicht nur eines der besten Restaurants in Deutschland, sie gehören auch zu den sympathischsten Gastgebern. Zwei Michelin-Sterne und 19 Punkte im Gault Millau sind Ausdruck der erfolgreichen Arbeit des beständigen Familienbetriebs. Ihr Gourmetrestaurant „Zur Alten Post" ergänzen sie mit ihrem „Landgasthof Poststuben" und dessen hervorragender regionaler Küche. Ebenfalls wohlfühlen werden Sie sich in den großzügigen, liebevoll gestalteten Zimmern. *Doppelzimmer mit Frühstück ab 98 €.*

0,7 km | 2 Min Landskroner Straße 110, 53474 Bad Neuenahr-Ahrweiler, Tel. 0 26 41/9 48 60. www.steinheuers.de.

FÜR ENTDECKER >> *Wenn Sie einmal richtig die Seele baumeln lassen wollen, gönnen Sie sich doch eine Auszeit in den Ahr-Thermen: Das Thermalbad mit seiner reichhaltigen Saunalandschaft liegt mitten im historischen Kurviertel von Bad Neuenahr (www.ahr-thermen.de).* <<

Heymann~Löwenstein

Tiefgründige Rieslinge ohne Kompromiss

Wenn man vom Weingut Heymann-Löwenstein und seinen Weinen spricht, hat das fast schon etwas Mystisches. Der Terroir-Meister Reinhard Heymann-Löwenstein macht die tiefgründigsten Rieslinge überhaupt. Ich kenne kaum jemanden, dem es so wichtig ist, die verschiedenen Besonderheiten des Bodens in den Wein zu transportieren. Erst 1980 fingen Reinhard und seine Frau Cornelia in Winningen mit dem eigenen Weinbau an. Es dauerte keine zehn Jahre und sie sicherten sich schon die größten Weinauszeichnungen. Kompromisslos haben sie einen ganz eigenen Weinstil eingeführt. Eigentlich müssten Sie Reinhard Heymann-Löwensteins Buch „Terroir" lesen, um seine Philosophie zu verstehen. Darin plädiert er für eine neue Weinkultur, in der der Terroirwein, entstanden durch das schöpferische Zusammenspiel von Lage, Reben, Klima und der Kunst des Winzers, dem industrialisierten Wein-„Fastfood" die Stirn bietet.

6 km | 7 Min ▸ Bahnhofstraße 10, 56333 Winningen, Tel. 0 26 06/19 19. hlweb.de. Öffnungszeiten Vinothek: Fr. und Sa. 13 bis 18 Uhr.

Die Weine ⓔ ⓔ ⓔ

Die Rieslinge sind an Tiefgründigkeit, Konzentration und Mineralität fast nicht zu toppen. Wie kaum ein anderer Wein spiegelt er ganz und gar die unterschiedlichen Lagen mit ihren verschiedenen Schieferböden wider. Kaufen Sie je einen Riesling aus drei verschiedenen Lagen, und machen Sie diese in Ihrem Freundeskreis auf. Es ist wirklich ein Erlebnis, wie unterschiedlich sich die Weine präsentieren.

GUTSSCHÄNKE SCHAAF ⓔ ⓔ ⓔ

Zwei historische, liebevoll restaurierte Gebäude mit romantischem Innenhof bilden das Ambiente für die Gutsschänke Schaaf in Winningen. Die alte Weinpresse und die Winzerwerkzeuge erinnern an die Vergangenheit als Winzerhaus. Begonnen hat der Restaurantbetrieb 1975 als Straußwirtschaft. Heute verwöhnt Sie das Team von Stefan Pohl in vier urig dekorierten Räumen mit anspruchsvollen Gerichten. Jeder kommt auf seine Kosten, beim Heringsfilet mit grünen Bohnen oder beim Küferteller mit Blut- und Leberwurst aus dem Rauch, bei Rostbratwürstchen und Kasslerrücken auf Sauerkraut oder Medaillons vom Kabeljau in Nusskruste. Ganz besonders ist hervorzuheben, dass die Weine der „local heroes" auch glasweise serviert werden. Und mit etwas Glück werden Sie Zeuge eines der zahlreichen Events wie Dichterlesungen, Kunstausstellungen oder Oldtimertreffs. *Hauptgerichte ab etwa 20 €.*

6 km | 8 Min Fährstraße 6, 56333 Winningen, Tel. 0 26 06/597. www.gutsschaenke.com. Öffnungszeiten: Mo.–Sa. ab 17 Uhr, So. und Feiertage ab 12 Uhr.

HOTEL MOSELBLICK ⓔ ⓔ

Dieses als Familienbetrieb geführte Hotel liegt wunderschön direkt an der Mosel. Der Fachwerkbau mit neuerem Anbau beherbergt große, komfortable und liebevoll eingerichtete Zimmer. Sie können in der hauseigenen Sauna entspannen und die Seele baumeln lassen. Hund oder Katze dürfen Sie auch mitbringen. Service und Betreuung sind ausgesprochen freundlich und kompetent. Bei schönem Wetter können Sie die einladende Terrasse nutzen. Das zugehörige Restaurant bietet anspruchsvolle regionale und traditionelle Gerichte. *Doppelzimmer mit Frühstück ab 115 €.*

7 km | 9 Min An der B 416, 56333 Winningen, Tel. 0 26 06/92 08 10. www.hotel-moselblick.de.

FÜR ENTDECKER >> *Auch wenn alle anderen Koblenz-Touristen ebenfalls hinströmen: Am Deutschen Eck, jener aufgeschütteten Landzunge an der Einmündung der Mosel in den Rhein, muss man mal gestanden haben.* <<

Lubentiushof

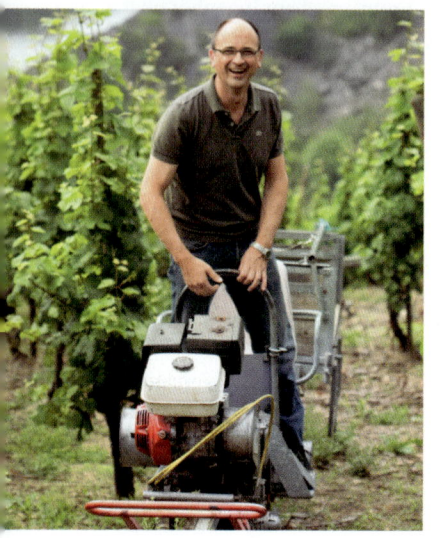

Spontanes aus der Terrassenmosel

Wenn Sie die Möglichkeit haben, schauen Sie sich doch mal die Startseite des Internetauftritts vom Lubentiushof an: Sie zeigt ein sensationelles Bild von den unglaublich steilen Rebenterrassen, auf dem Sie auch erkennen können, wie klein die Parzellen meist sind. Nicht umsonst spricht man hier von der Terrassenmosel; die breiten Stufen wurden dem Berg in mühevoller Handarbeit abgerungen. Susanne und Andreas Barth bewirtschaften 3,6 Hektar (ein recht kleines Weingut, am besten sichern Sie sich gleich ein paar Flaschen), entsprechend überschaubar ist ihr Sortiment – allerdings von höchster Güte! Insider wissen natürlich, dass Andreas Barth als Kellermeister auch auf Günther Jauchs an der Saar gelegenem Weingut „von Othegraven" der wichtigste Mann ist. Auf seinem eigenen Gut, dem Lubentiushof, lohnt sich auf alle Fälle auch ein Besuch der WeinWerkstatt. Sie vereint Tradition und Moderne – ein Zusammenspiel von Bruchstein, Glas, Stahl und Beton, das zu Recht mit dem Architekturpreis Wein ausgezeichnet wurde.

6,7 km | 8 Min ▸ Kehrstraße 16, 56332 Niederfell, Tel. 0 26 07/81 35. www.lubentiushof.de. Öffnungszeiten: bitte jeweils anfragen.

Die Weine € €

Alle Weine werden nur spontan vergoren, eine sehr diffizile Geschichte, aber sie sorgt für Langlebigkeit. Wenn Sie den *Gondorfer Gäns Riesling* verkosten, erleben Sie, wie fruchtig und schlank ein Riesling sein kann – mit Aromen, die an Limette und Mango erinnern, und mit einer enormen Länge hintenraus!

ALTE MÜHLE HÖRETH RESTAURANT ⓔ ⓔ
UND HOTEL ⓔ ⓔ ⓔ

Aus dem 11. Jahrhundert stammt die alte Burgmühle, die der gebürtige Franke Thomas Höreth zu einem idyllischen Kleinod umgestaltet hat. In den liebevoll eingerichteten historischen Gewölben werden in mehreren Stuben – im Sommer auch im Innenhof und im Mühlengarten unter blühendem Oleander – saisonorientierte moselfränkische Gerichte serviert. Darunter können Sie sich so recht noch nichts vorstellen? Hier kommt die Aufklärung: Fränkische Bratwürstel mit Mühlenrahmsauerkraut, Bratkartoffeln und Senf oder zum Beispiel Lammtopf mit rosa gebratenem Lammrücken und kräftiger dunkler Sauce, würzigen Schnippelbohnen und Ofenkartoffeln. Franke Höreth hat nach seiner Ausbildung im Burgund und einem Studium in Geisenheim auch Weinberge an der Mosel erworben, wo er auf Terrassen- und in Steillagen eigene Weine anbaut. Zum Lamm wird dann ein Merlot oder ein Cabernet Sauvignon aus der eigenen Erzeugung serviert.

Neben dem Restaurant ist die Burgmühle aber auch ein ganz besonderes Hotel – aus dem Sie vermutlich nicht mehr ausziehen wollen! Die historischen Kammern haben heute natürlich allen modernen Komfort. Sie sind perfekt eingerichtet, in einer stilsicheren Synthese von historisch und modern. Ein Blick auf die Homepage wird Sie überzeugen. Gönnen Sie sich dieses außergewöhnliche Erlebnis und genießen Sie am nächsten Morgen ein Frühstück in dem einmaligen Frühstücksraum. *Hauptgerichte etwa 19 bis 30 €, Doppelzimmer mit Frühstück ab 210 €.*

8,2 km I 11 Min Mühlental 17, 56330 Kobern-Gondorf, Tel. 0 26 07/64 74. www.thomashoereth.de. Öffnungszeiten Restaurant: Mo.–Fr. 17 bis 24 Uhr (Küche bis 21.30 Uhr), Sa. 12 bis 24 Uhr (Küche bis 22 Uhr), So. 12 bis 23 Uhr (Küche bis 21.30 Uhr). Ruhetag: Di.

FÜR ENTDECKER >> *Geballte Kultur erwartet Sie in der Festung Ehrenbreitstein, auf einem Felssporn direkt gegenüber der Einmündung der Mosel in den Rhein gelegen. Nicht nur der imposante Bau selbst ist ein Erlebnis. Hier gibt es auch eine ganze Reihe von interessanten Museen, darunter das Haus des Genusses mit einer Ausstellung über die Geschichte des Weinbaus am Rhein.* <<

Toni Lorenz

Familienweingut in Steillage

Ein kleiner, sympathischer Familienbetrieb, wie er im Buche steht! Joachim Lorenz bearbeitet vier Hektar in richtiger Steillage. Haben Sie gewusst, dass man bereits ab 30 Prozent Hangneigung von einer Steillage spricht? Am wunderschönen Mittelrhein müssen die Winzer aber oft noch viel größere Hangneigungen bezwingen, was ihnen einen immensen Arbeitsaufwand beschert. Manche Steillagen werden deshalb überhaupt nicht mehr bewirtschaftet. Umso mehr sollte man es schätzen, dass Familie Lorenz ihre Weine zu recht moderaten Preisen anbietet. Durch Joachims Frau Martina kam zum Weingut auch noch das Hotel „Landsknecht". Liebevoll und romantisch haben sie alle Zimmer gestaltet. Zum Hotel gehört auch ein Restaurant mit Wintergarten, von dem aus Sie direkt auf den Rhein und die Weinberge schauen können. Falls Sie sich mit der Familie länger in diesem „Burgenland" aufhalten möchten: Es gibt auch Ferienappartements auf dem Weingut.

8 km | 14 Min ▶ Ablassgasse 4, 56154 Boppard, Tel. 0 67 42/95 89 90. www.lorenz-weine.de. Öffnungszeiten: Mo.–Sa. 11.30 bis 13.30 und 17.30 bis 19 Uhr sowie nach Vereinbarung.

Die Weine €

Wie zu erwarten liegt der Schwerpunkt natürlich auf dem Riesling. Genießen Sie den feinherben *Riesling Bopparder Hamm Mandelstein* (6,50 €) mit feiner Restsüße, kräuterig, schlank und frisch oder den vollmundigeren *Riesling Meisterstück trocken* (12 €), kraftvoll mineralisch, an Pfirsich erinnernd und mit langem Nachhall. Wer lieber weniger Säure mag, der sollte den *Grauburgunder trocken* (6,30 €) probieren, er duftet wie ein Korb voller reifer Birnen und ist geschmeidig und rund.

RESTAURANT HOTEL TANNENHEIM ⓔ ⓔ

Nicht weit von der Autobahnausfahrt entfernt finden Sie das Hotel Tannenheim am Bahnhof Buchholz. Dieses Haus aus der Epoche des Jugendstils wird seit 1908 in Familienbesitz geführt, mittlerweile in der vierten Generation. Familie Fuchs leitet den gastronomischen Betrieb mit Umsicht und hohem persönlichen Engagement. Die Zimmer sind hell, freundlich und sehr geschmackvoll eingerichtet. Das Preis-Leistungs-Verhältnis stimmt rundum. Im Restaurant werden gutbürgerliche, saisonal abgestimmte regionale Speisen serviert; besonders zu erwähnen sind die Wildspezialitäten. Der Service im Haus ist auffallend freundlich und persönlich – wie man es meist nur in Familienbetrieben erleben kann. *Hauptgerichte etwa 22 €.*

1 km | 1 Min ▸ Bahnhof Buchholz 3, 56154 Boppard/Buchholz, Tel. 0 67 42/22 81. www.hotel-tannenheim.de. Öffnungszeiten: Mo.–Sa. ab 18 Uhr (Küche bis 20.30 Uhr), So. 12 bis 15 Uhr (Küche bis 13.45 Uhr). Ruhetag: Do.

BEST WESTERN PREMIER BELLEVUE RHEINHOTEL ⓔ ⓔ

Das 4-Sterne-Haus wird seit nunmehr 128 Jahren als Familienbetrieb geführt. Heute leitet die vierte und fünfte Generation den Hotelbetrieb. Man badet förmlich im Flair der Belle Epoque, mit Jugendstil in Vollendung. Wenn Sie hier übernachten, wandeln Sie auf den Spuren des japanischen Kaiserpaars Akihito und Michiko, oder – falls Sie das lieber tun – von „Papa" Theodor Heuss oder Fritz Walter. Die Zimmer sind luxuriös im Stil eines Grandhotels ausgestattet. Auch der großartige Wellness-Bereich verkörpert den Jugendstil. Das zum Hotel gehörende Gourmetrestaurant hat sich seit einigen Jahren zu einem der besten in Rheinland-Pfalz entwickelt. *Doppelzimmer Mai bis Oktober ab 120 €, plus Frühstück 11 €/Person.*

8 km | 14 Min ▸ Rheinallee 41, 56154 Boppard, Tel. 0 67 42/10 20. www.bellevue-boppard.de.

FÜR ENTDECKER >> *Ein Ort, den ich gerne besuche, wenn ich in der Gegend bin, ist die Severus-Kirche in Boppard. Die Kirche aus dem 12. und 13. Jahrhundert mit ihren himmelhohen Gewölben hat eine ganz besondere Atmosphäre.* <<

Schlossgut Diel

Diplom-Önologin, Genuss-Expertin und Familienfrau

Caroline Diel ist für mich die Genussfrau par excellence – und eine der ganz großen Winzerinnen. Schon von der Autobahn aus sehen Sie die berühmte Lage Dorsheimer Goldloch in großen Lettern im Rebberg prangen. Armin und Monika Diel haben ihr Weingut schon früh in die Spitzenkategorie gebracht. Ich kann mich noch gut erinnern, wie in den 80er-Jahren ihre Weißwein-Cuvée „Victor", ausgebaut im Barrique, großes Aufsehen erregte. Heute ist es selbstverständlich, Cuvées anzubieten und auch Weißweine in kleinen Eichenholzfässern auszubauen; damals sorgte das für viel Diskussionsstoff. Seit 2006 ist Tochter Caroline im Betrieb. Sie hat einen so guten Geschmack, wenn es um Wein und Essen geht, wie kaum ein anderer Mensch. Die diplomierte Önologin war international in zahlreichen Weingütern tätig. Dabei ist die Mutter dreier Kinder absolut bodenständig und sehr sympathisch.

7,6 km | 6 Min Burg-Layen 16, 55452 Rümmelsheim, Tel. 0 67 21/9 69 50, www.diel.eu. Öffnungszeiten: Mo.–Do. 9 bis 16 Uhr, Fr. 9 bis 13 Uhr, am Wochenende nach Vereinbarung.

Die Weine €€€

Hier kauft man Riesling, das versteht sich von selbst. Zudem ist es total spannend, eine Weinsorte aus verschiedenen Lagen, wie Dorsheim, Eierfels und Burg Layen, zu probieren. „Karge Gesteinsböden, durchsetzt mit Schiefer, Quarzit und Kieseln, bilden die Grundlage für unsere mineralischen Rieslinge", sagt Caroline Diel. „Meine wichtigste Aufgabe besteht darin, die unterschiedlichen Charaktere dieser Terroirs in den Weinen widerzuspiegeln." Auch die Sekte von Diel sind großartig!

RESTAURANT UND HOTEL JOHANN LAFERS STROMBURG

Etwas über Johann Lafer zu sagen, ist fast wie Eulen nach Athen zu tragen! Ich schätze ihn sehr, er ist stets in Aktion und schafft es immer wieder, neue Kreationen zu zaubern. Seine Frau Silvia ist eine große Weinkennerin und aus der Branche nicht mehr wegzudenken. Die Zimmer in der 1000 Jahre alten Stromburg sind sehr mondän. Sie werden mit unaufgeregtem Luxus verwöhnt, ganz im Sinne der Relais & Châteaux-Philosophie der „Fünf Cs" – Cuisine, Courtoisie, Charme, Charactère und Calme (Küche, Höflichkeit, Charme, Unverwechselbarkeit, Ruhe). In Lafers Restaurants wird auf höchstem Niveau gekocht. Im Bistro bekommen Sie modern interpretierte regionale Küche. Ein richtiges „Wow-Erlebnis" ist das Restaurant Le Val d'Or mit jahreszeitlich wechselnder Dekoration, Licht und Musik. Bisher einzigartig! *Hauptgerichte im Bistro d'Or ab 17 €, im Le Val d'Or ab 43 €. 3-Gänge-Menü ab etwa 40 €.*

6 km | 7 Min Schloßberg 1, 55442 Stromberg, Tel. 0 67 24/9 31 00. www.lafer.de/die-stromburg. Öffnungszeiten: Bistro d'Or Fr.-Di. ab 12 Uhr. Le Val d'Or Mi.-Fr. ab 18 Uhr, Sa., So. und Feiertage 12 bis 14 und 18 bis 22 Uhr. Reservierung erforderlich.

HOTEL UND RESTAURANT KAISERHOF

Bei Kennern ist der Kaiserhof schon lange berühmt. 1997 integrierten die beiden Vollblutgastronomen Kerstin und Markus Buchholz auch ein Hotel in den bereits bestehenden Restaurantbetrieb. Nun laden zehn wunderschöne und geschmackvoll ausgestattete Zimmer dazu ein, nicht nur für Markus Buchholz' regionale Küche eine Pause einzulegen. *Doppelzimmer mit Frühstück ab 118 €.*

8,9 km | 10 Min Hauptstraße 2, 55452 Guldental, Tel. 0 67 07/9 44 40. www.kaiserhof-guldental.de.

FÜR ENTDECKER >> *Für mich war es die Überraschung schlechthin, als mir ein lieber Bekannter von den Rotweinen an der Nahe vorschwärmte! Ich musste mich unbedingt schnell selbst überzeugen, und er hatte – natürlich – Recht. Besonders genial sind die Spätburgunder vom „Lindenhof" (www.weingutlindenhof.de), das drei Kilometer nördlich vom Guldentaler Kaiserhof im Örtchen Windesheim liegt.* <<

Kruger~Rumpf

In kürzester Zeit zum Top-Betrieb

Erst als Stefan Rumpf 1984 das elterliche Weingut übernommen hatte, fing er an, dessen Weine auch selbst auszubauen. Ich kann Familie Rumpf nur gratulieren, in

welch kurzer Zeit sie sich unter den Topbetrieben an der Nahe etablieren konnten. Mittlerweile ist Sohn Georg mit im Betrieb, und gemeinsam sind sie einfach hervorragend! Weit über die Grenzen beliebt ist auch die zugehörige Weinstube – mit sehr guter Küche. Zu den bei Gästen beliebtesten Klassikern zählen die Geschmorten Schweinebäckchen oder der Winzerschmaus (Käse und Schinken im Kartoffelbrotteig). Auch die saisonal wechselnde Karte wirkt wirklich animierend! Im Sommer gibt es einen zauberhaften Garten, in dem man sich ein bisschen nach Frankreich versetzt fühlt. Trotz der Nähe zur Autobahn ist es dort sehr ruhig und idyllisch.

4,1 km | 5 Min ▸ Rheinstraße 47, 55424 Münster-Sarmsheim, Tel. 0 67 21/4 38 59. www.kruger-rumpf.com. Weinverkauf: Mo.–Sa. 9 bis 18 Uhr, Öffnungszeit Weinstube: So. ab 12 Uhr.

Die Weine ⓔ ⓔ

Spannend ist es, wenn Sie sich die trockenen Rieslinge *Schiefer* und *Quarzit* mitnehmen. So können Sie die geschmacklichen Unterschiede der verschiedenen Böden im Vergleich erleben. Der Sommerwein par excellence: *Spätburgunder Blanc de Noir trocken* – so einen beerigen, fruchtigen Wein bekommen Sie nur selten. Generell gibt es bei Kruger-Rumpf ein hervorragendes Preis-Leistungs-Verhältnis – das gilt sowohl für die Weine als auch für die Weinstube.

RESTAURANT ZUM WEINKELLER Ⓔ Ⓔ

Rheinische Gemütlichkeit im historischen Gewölbekeller. Ob Sie unter dem großen Kreuzgewölbe, neben dem Steinofen oder im Weingarten sitzen: Anheimelnd
und unkompliziert ist es überall. Bei Heidi Zimmermann-Josts Küche bleiben keine
Wünsche offen, vor allem, wenn sie Spezialitäten aus dem Steinofen zubereitet, wie
den Rheinhessischen Winzertopf mit Ragout vom Rind in Dornfelder, Flammkuchen oder Gebackenen Käse. Alles wird mit viel Liebe gekocht. Besonders stolz ist
die vielfach ausgezeichnete Köchin auf ihre eigenen Kräuter und die regionalen
Produkte, wie Fleisch aus dem Hunsrück, Forellen aus dem Wispertal oder das Gemüse vom Markt. Sommelier Andreas Jost kredenzt den passenden Wein dazu. Rund
40 offene Weine hat er im Angebot – aus dem Familienweingut Jost in Bacharach,
aber auch aus den angrenzenden Weinregionen. *Hauptgerichte etwa 14 bis 25 €.*

7,5 km | 9 Min Vorstadt 58–60, 55411 Bingen am Rhein, Tel. 0 67 21/1 86 79 94.
www.zum-weinkeller-bingen.de. Öffnungszeiten: Mo.–Sa. ab 18 Uhr. Und nach
Vereinbarung.

BED & BREAKFAST HINTERCONTI Ⓔ

Ein historisches Gehöft wurde geschickt umgestaltet. Dabei entstanden 14 großzügig bemessene, modern und komfortabel ausgestattete Zimmer. Jedes einzelne ist
individuell gestaltet und eingerichtet, mit jeweils eigenem Stil und Charme. Ob
Kolonialstil, Countrylook, verspielte florale Dekoration, streng schwarz-weiß oder
puristisch modern – eine Variante wird Ihren persönlichen Geschmack ganz bestimmt treffen! Das Frühstück aus frischen und regionalen Produkten nehmen Sie
in der ehemaligen Scheune ein, die auch für Events und Veranstaltungen genutzt
werden kann. Der Service ist sehr aufmerksam. Ein echter Geheimtipp!
Doppelzimmer mit Frühstück ab etwa 90 €.

7,2 km | 8 Min Naheweinstraße 17, 55559 Bretzenheim, Tel. 06 71/79 67 09 10.
www.hinterconti.com.

FÜR ENTDECKER >> *Wenn Sie etwas mehr Zeit haben, machen Sie
doch eine Wanderung auf dem Nahehöhenweg. Gerade das Teilstück zwischen Spabrücken und Bingen durch den Binger Wald und die Steckeschlä-
ferklamm ist sehr lohnend.* <<

Korrell~Johanneshof

Bei diesen Weißweinen gerät jeder ins Schwärmen

Sichere Anwärter für die Aufnahme in den Verband Deutscher Prädikatsweingüter – hier sind nur die besten 200 deutschen Weingüter vertreten – sind für mich

Britta und Martin Korrell. Ihr Weingut gehört zu den jungen Vorzeigebetrieben. Jeder, der ihre Weißweine probiert, gerät ins Schwärmen. Natürlich nimmt Riesling den Löwenanteil ein, aber genauso hervorragend fallen Jahr für Jahr die Weiß- und Grauburgunder aus oder der sehr florale Muskateller. Letzterer trinkt sich fast wie Brause (bitte positiv verstehen), er hat nur 7,5 % Alkohol und eine gut eingebundene Restsüße.

7,9 km | 8 Min Parkstraße 4, 55545 Bad Kreuznach, Tel. 06 71/6 36 30. www.korrell.com. Öffnungszeiten: Mo.–Fr. 10 bis 12 und 13.30 bis 18 Uhr, Sa. 10 bis 15 Uhr. Ruhetage: So. und Feiertage.

Die Weine €€

Vor allem die Lagenweine sind enorm konzentriert, extraktreich und mit viel Fruchtschmelz unterlegt. Zu meinen Favoriten gehört ihr *Schloßböckelheimer In den Felsen Riesling trocken*, ein unglaublich fruchtig-konzentrierter Wein, der nach Ananas und Maracuja riecht und schmeckt. Witzig finde ich auch Korrells *M-Club* (sprich: Magnum Club). Die Spitzenweine werden in 1,5-l-Flaschen gefüllt und haben dadurch eine größere Langlebigkeit. Martin Korrell füllt zudem jedes Jahr eine Flasche Balthazar (12 l) eines anderen Top-Weins ab und versteigert sie unter den Clubmitgliedern für einen guten Zweck.

RESTAURANT JAN TREUTLES GÜTCHEN ⓔⓔⓔ

Jan und Elisabeth Treutle haben sich einen hervorragenden Namen geschaffen. In jungen Jahren hat der gebürtige Badener in den besten Häusern, wie in der Traube Tonbach oder im Il Giardino in Ascona, Erfahrungen gesammelt; seit 1994 wendet er sie in seinem Restaurant am historischen Schlosspark in Bad Kreuznach an. Mit viel Verstand und Detailliebe haben Treutles in dem hübschen Barockgut das Alte und die Moderne perfekt in Szene gesetzt. Im Sommer fühlen Sie sich auf der wunderschönen Terrasse, mit Blick auf die alten Bäume des naheliegenden Parks, sofort wie im Urlaub. Neben zwei hervorragenden Menüs erfreuen sich vor allem Jans Klassiker großer Beliebtheit: Gebratene Gänselebertranche mit Rharbarber-Frühlingslauch-Bärlauchconfit oder Islandschollenfilet Finkenwerder Art mit Büsumer Krabben. *Hauptgerichte etwa 23 bis 35 €.*

9,9 km | 11 Min ▶ Hüffelsheimerstraße 1, 55543 Bad Kreuznach, Tel. 06 71/4 26 26. www.im-guetchen.com. Öffnungszeiten: Mo. und Mi.–Sa. ab 18 Uhr, So. 12 bis 14.30 und ab 18 Uhr. Ruhetag: Di.

HOTEL SUTTER'S LANDHAUS ⓔⓔ

Der Hotel- und Restaurant-Komplex im Landhausstil steht auf dem Gelände einer historischen Mühlenanlage. Unmittelbar angeschlossen ist die „Nahetal-Arena", wo Sie mit etwas Glück den Auftritt Ihres Lieblingskünstlers erleben können. Das Hotel bietet modern eingerichtete Zimmer im Cottage-Look und ein reichhaltiges Frühstücksbüffet. In der umgestalteten Scheune wird gutbürgerliche Küche zu einem sehr guten Preis-Leistungs-Verhältnis serviert. *Doppelzimmer mit Frühstück ab 99 €.*

2,6 km | 3 Min ▶ Kreuznacher Straße 61, 55457 Gensingen, Tel. 0 67 27/89 71 70. www.sutters-landhaus.de.

FÜR ENTDECKER ≫ *Ein lohnendes Ausflugsziel ist der bei Bad Kreuznach gelegene Kauzenberg. Auf den Festungsmauern einer geschleiften Burg ist ein gastronomischer Betrieb mit Hotel und Restaurant entstanden, der in den alten Gewölben u.a. „Gruseldinners" anbietet.* ≪

Rheingau, Rheinhessen & Pfalz

A 66

A 671

A 60

A 63

A 61

A 6

A 650

A 65

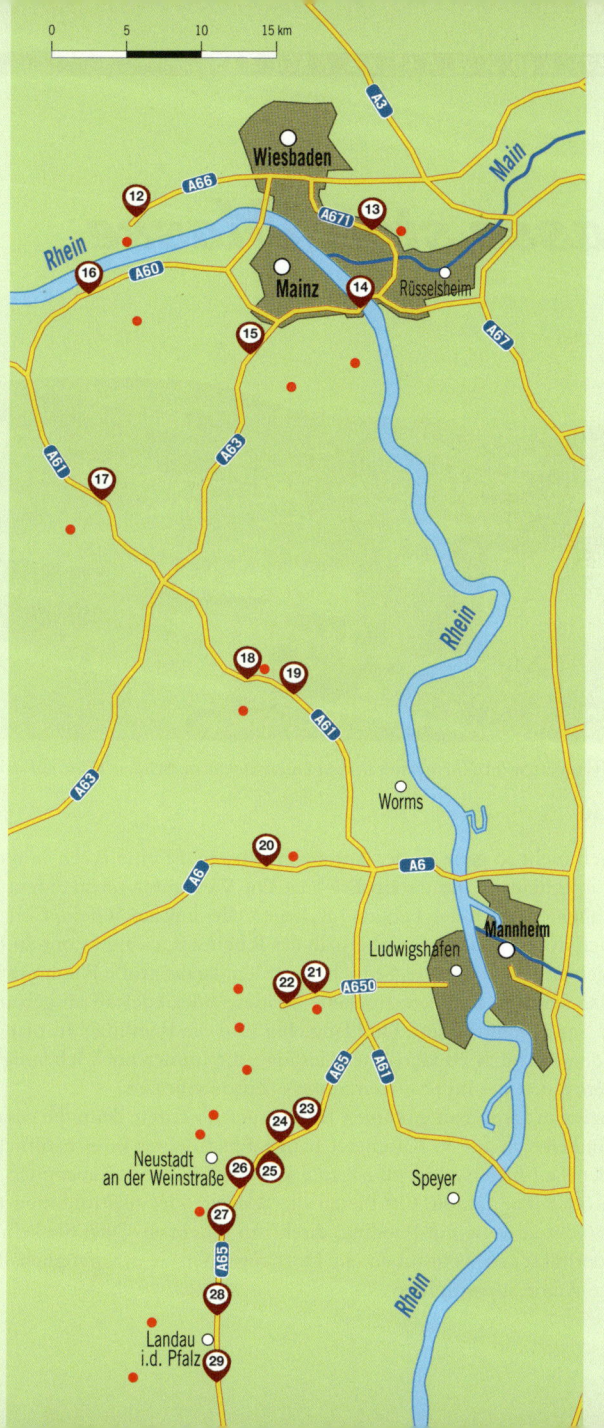

Klasse statt Masse

Von den Weingärten im Rheingau hat man einen atemberaubenden Blick auf den Rhein.

Rheingau

Wenn auch nicht so ganz an der Autobahn gelegen, ist eine Reise in die Vorzeige-
weinregion Rheingau immer ein Erlebnis. Die Weingüter, oft in einem altehrwürdigen Schloss oder Kloster beherbergt, liegen allesamt am Rhein. Genauer gesagt:
Sie thronen in den Weingärten oberhalb des Rheins. Riesling ist mit 80 Prozent die
meist angebaute Traubensorte. Seit jeher werden daraus große Rieslingweine gekeltert. Ob als leichter Kabinett, trockene Spätlese oder edelsüß ausgebaut – immer
laufen sie zur Hochform auf. Und langlebig sind die Rieslinge: In mancher Weinstube finden Sie noch 20 Jahre alte Rieslinge, die immer noch lebendig und frisch
schmecken, fast wie – im positiven Sinne – Zitronenbrause.
Dem Rheingau kann man gut einen Kurzbesuch abstatten, denn die gesamte Weinregion bündelt sich auf 30 Kilometer Länge. Ein Erlebnis ist es natürlich, die Ger-
mania oder das Niederwalddenkmal zu erkunden. Sie können aber auch wunderbar
wandern oder Rad fahren. Oft bieten die Winzer oder Gastronomen eine kleine
Stärkung (vorzugsweise mit Riesling) direkt am Rhein an. Oder Sie kehren in einer
der wunderhübschen Weinstuben ein. Dort verstehen sie es vorzüglich, die Gerichte auf ihre Weine abzustimmen.

Rheinhessen

Für uns Weinleute ist Rheinhessen zur Zeit besonders spannend. Die größte Weinregion Deutschlands hatte lange Zeit wenig Ansehen und wurde mit zahlreichen Rebneuzüchtungen – Huxelrebe, Kanzlerrebe, Faberrebe usw. – sowie Liebfrauenmilch in Verbindung gebracht. Aber wie so oft: Wenn die Not groß ist, verändert sich etwas. Die Vorreiter für hohen Qualitätsanspruch waren Klaus Keller in Flörsheim-Dalsheim und Günter Wittmann in Westhofen. Das Rebsortenspektrum Rheinhessens gleicht einem Fächer, aber vor allem die Rieslinge laufen hier zu ganz großer Güte auf. Viele topausgebildete Jungwinzer haben mittlerweile das Zepter in den Weingütern übernommen. Die Nachfolger sammeln nicht nur mit großem Selbstverständnis internationale Erfahrungen, sie tauschen sich auch aus. Bestes Beispiel ist der Zusammenschluss von 28 jungen Winzern zu „message in a bottle". Erfreulich: Die Preise in Rheinhessen sind noch ganz zivil, ob für Weine, Essen oder für Übernachtungen in den gemütlichen Gasthäusern.

Pfalz

Die Pfalz steht nicht nur flächenmäßig an zweiter Stelle, sie gehört auch zu den schönsten und wichtigsten Weinregionen Deutschlands. In der Mittelhaardt wachsen mit die besten Rieslinge, in der Südpfalz gedeihen neben Riesling vor allem ganz große Burgunderweine. Ob Weiß-, Grau-, Spätburgunder oder Chardonnay – sie alle suchen ihresgleichen! Einen ganz großen Dienst, nicht nur für die Pfalz, sondern für ganz Deutschland, haben die „Fünf Freunde" geleistet. Die Weingüter Becker, Ökonomierat Rebholz, Dr. Wehrheim, Münzberg und Siegrist schlossen sich bereits im Jahr 1991 für kollegialen Austausch, offene Zusammenarbeit und Weinreisen zu berühmten Kollegen zusammen. So muss nicht mehr jeder Winzer das Rad neu erfinden und alle profitieren von den Erfahrungen der einzelnen. Mittlerweile gibt es viele junge Winzer, die hervorragende Weine produzieren – zu einem sensationellen Preis-Leistungs-Verhältnis. Doch genauso spannend wie die Weinszene hat sich die Gastronomie entwickelt. Neben gemütlichen Weinstuben gibt es eine große Auswahl an Restaurants mit kreativer Küche.

Weiße Rebsorten, wie hier Riesling, prägen die Landschaften im Rheingau, in Rheinhessen und der Pfalz.

Georg Müller Stiftung

Ein einzigartiger Kunst-Keller

Im zauberhaften Hattenheim sollten Sie unbedingt das Weingut Georg Müller Stiftung besuchen. 2003 wurde es von dem erfahrenen Weinexperten Peter Winter und

seiner Frau Elvira erworben. Da Elvira Winter in Wiesbaden eine Kunstgalerie führt, war schnell die Idee geboren, einzigartige Kunst-Installationen in den großen 250 Jahre alten Keller einzubinden. Allerdings gestaltete sich die Umsetzung als immense Herausforderung, da das Kellerklima mit kühlen Temperaturen und hoher Luftfeuchtigkeit den Kunstwerken nicht unbedingt zuträglich ist. Ein Besuch im Keller ist ein großes Erlebnis: Lichtobjekte oder durch Licht in Szene gesetzte Kunstgegenstände wie die Subsphären der aus Mainz stammenden Künstlerin Ulli Böhmelmann (Foto) verleihen dem Gewölbekeller eine einzigartige Atmosphäre.

12,9 km | 12 Min ▸ Eberbacher Straße 7–9, 65347 Hattenheim im Rheingau, Tel. 0 67 23/20 20. georg-mueller-stiftung.de. Öffnungszeiten: Mo.–Fr. 10 bis 17 Uhr. Am Wochenende nach Vereinbarung.

Die Weine ⓔ ⓔ

80 Prozent der 14 Hektar Rebfläche entfallen auf den Klassiker im Rheingau: Riesling. Großartig ist beispielsweise der *Hassel Großes Gewächs*. Er zeigt einen außergewöhnlichen Duft, an Holunderblüten sowie Rote und Schwarze Johannisbeeren erinnernd. Am Gaumen spüren Sie seine markante, mineralische Art, sein Nachhall erinnert an Heidekraut. Burgunderliebhabern empfehle ich den *Auxerrois* – seine florale Art und sein Schmelz machen ihn verführerisch. Wunderbar ist auch der elegante Spätburgunder *Daniel*, der im Duft viele beerige Aromen widerspiegelt.

WEINHAUS ZUM KRUG ⓔⓔⓔ

Von außen sieht es fast wie ein Lebkuchenhaus aus – innen vermittelt es die gemütliche und heimelige Atmosphäre einer richtigen Weinstube. Apropos Wein: Josef Laufer gehört für mich zu den größten Kennern der Rheingauer Weine, und er legt Wert darauf, auch gereifte Jahrgänge berühmter Winzer zu führen. Sie wissen ja: Gereifte Weine passen oft viel besser zum Essen als junge, fruchtige. Der heutige Chef Josef Laufer junior kocht Klassiker sehr modern interpretiert. Dazu gehören Gebratene Rheingauer Blutwurst mit gerösteten Haselnüssen oder auch Sauerbraten vom Bio-Weiderind mit Kartoffelklößen. Zu Laufers neueren Projekten gehört die Renovierung des Nachbarhauses, in dem moderne Zimmer mit viel Naturstein entstanden sind. Fragen Sie nach der Burgunder-Suite oder den Riesling- und Hattenheim-Zimmern. *Hauptgerichte ab etwa 20 €.*

12,8 km | 12 Min Hauptstraße 34, 65347 Eltville-Hattenheim, Tel. 0 67 23/9 96 80. www.hotel-zum-krug.de. Öffnungszeiten: ganztägig (warme Küche 12 bis 14 und 18 bis 22 Uhr). Ruhetage: So., Mo. und Di.-Mittag.

HOTEL KRONENSCHLÖSSCHEN ⓔⓔⓔ

Einer der besonderen Reize des Rheingaus sind die vielen hübschen, wunderschön restaurierten Schlösschen. Das Kronenschlösschen ist eine tolle Mischung aus denkwürdigem Gemäuer, frischen und modernen Aspekten und heimeliger Atmosphäre. Ganz besonders trifft das auf die individuellen Zimmer und Suiten zu. Das mit einem Michelin-Stern ausgezeichnete Restaurant gehört ebenfalls zu den besten des Landes. Die Weinkarte ist so phänomenal, dass sich schon alleine deshalb ein Abstecher lohnt. *Doppelzimmer mit Frühstück ab etwa 150 €.*

12,6 km | 11 Min Kronenschlösschen, Rheinallee, 65347 Eltville-Hattenheim, Tel. 0 67 23/640. www.kronenschloesschen.de.

FÜR ENTDECKER >> *Ein Pflichtstopp, wenn Sie mit Kindern unterwegs sind, ist der Freizeitpark Taunus Wunderland mit seinen Achter-, Wildwasser- und Wasserskibahnen, Karussells, Wasserrutschen und dem Streichelzoo. Ein Besuch dort sorgt lange für Frieden auf dem Rücksitz.* <<

Gunter Künstler

„Hockwein" aus Hochheim

Wir schmunzeln manchmal, aber tatsächlich haben die Engländer schon über Jahrhunderte eine gestandene Weinkultur – natürlich nicht in Bezug auf Weinbau, wohl aber, was das Weintrinken betrifft. Zu den großen Glanzzeiten des British Empire war der „Hockwein" der berühmteste. Gemeint ist damit Hochheim im Rheingau. Und wenn Sie mich fragen, gehören die Rieslinge von Gunter Künstler mit Sicherheit zu den besten der Welt! Akribisch arbeitet er, um die Geologie und die klimatischen Gegebenheiten seiner Lagen auch im Wein einzufangen. Einen guten Einblick bekommen Sie in dem altehrwürdigen Gutsgebäude – ursprünglich eine der ersten Sektkellereien der Region –, in das die Familie Künstler vor einigen Jahren umgezogen ist.

3,2 km | 10 Min ▶ Geheimrat-Hummel-Platz 1a, 65239 Hochheim am Main, Tel. 0 61 46/8 38 60. www.weingut-kuenstler.de. Öffnungszeiten: Mo.–Fr. 8 bis 12 und 13 bis 18 Uhr, Sa. 10 bis 15 Uhr (1.4. bis 31.12. auch So.11 bis 16 Uhr).

Die Weine €€

Bei einer Weinprobe in der wunderschön hergerichteten Vinothek werden Sie schon vom „normalen" *Riesling QbA trocken* (9,80 €) begeistert sein. Er duftet traubig, erinnert an Sandelholz und wirkt am Gaumen sehr kraftvoll und rund. Der *Hochheimer Herrnberg Riesling trocken* (10,20 €) zeigt mehr gelbfleischige Früchte, wie Ananas und Maracuja. Legendär ist die *Hochheimer Hölle Riesling Großes Gewächs trocken* (30 €) mit intensivem Duft von Pfirsich und Aprikose, unglaublicher Tiefe, Mineralität und enormer Langlebigkeit. Richtig toll sind allerdings auch der Sauvignon Blanc, Grüner Veltliner, Chardonnay und Spätburgunder.

RESTAURANT MEDITERRAN IM WEINEGG ⓔ ⓔ

Im alteingesessenen Weingut Weinegg weht ein frischer Wind: Hier hat der Quereinsteiger Fabian Schmidt nach seinem Studium in Geisenheim das Zepter übernommen und sorgt nun nicht nur mit Rieslingen, sondern auch mit seinem kräuterwürzigen Merlot für Furore. Angeschlossen an das Weingut ist das helle freundliche Restaurant „mediterran". Mittags bietet es zu sehr annehmbaren Preisen einen beliebten Mittagstisch mit wechselnder Karte. Schnitzel bekommen Sie in allen erdenklichen Varianten, und die kroatischen Wirtsleute bieten neben Cevapcici und Pljeskavica auch gute kroatischen Weine an. *Hauptgerichte etwa 10 bis 18 €.*

2,7 km | 8 Min Kirchstraße. 38, 65239 Hochheim am Main, Tel: 0 61 46/90 73 99-21. www.mediterran-restaurant.de. Öffnungszeiten: 11.30 bis 14.30 und 17.30 bis 23 Uhr (warme Küche bis 22 Uhr).

GÄSTEHAUS DER DOMÄNE MECHTILDSHAUSEN ⓔ ⓔ

Ihre Übernachtung planen Sie am besten im Gästehaus der Domäne Mechtildshausen. Von einem blumengeschmückten Innenhof aus gelangen Sie zu 14 Einzel- und Doppelzimmern mit Ausblick auf Felder und Weiden. Alle sind großzügig geschnitten und mit feinstem Kirschholz ausgestattet. Wenn Sie mit Freunden dort nächtigen, können Sie den Abend im Kaminzimmer ausklingen lassen. Auch kulinarisch hat die Domäne viel zu bieten: Sie ist ein Gefüge aus Metzgerei, Bäckerei, Käserei, Restaurant und eigener Bio-Landwirtschaft. Das Ganze wird betrieben von der Wiesbadener Jugendwerkstatt, in der Arbeitslose und Menschen in sozial schwierigen Situationen arbeiten können. Ich selbst besuche besonders gern das Restaurant. Der Service ist nett, die hauseigenen Bioprodukte werden hervorragend verarbeitet und die Weinkarte ist eine Wucht! *Doppelzimmer mit Frühstück 135,40 €.*

3,1 km | 7 Min Flugplatz Erbenheim (auch für Navigationsgerät), 65205 Wiesbaden-Erbenheim, Tel. 06 11/7 37 46 60. www.domaene-mechtildshausen.de.

FÜR ENTDECKER >> *Planen Sie einen Bummel durch Wiesbaden ein: In der Altstadt, wegen ihrer bugförmigen Gestalt auch „Schiffchen" genannt, finden Sie kulinarische Leckerbissen, individuelle Mode und Schmuck, aber auch einen Wochenmarkt mit vielen regionalen Produkten.* <<

Kühling~Gillot

Hier herrscht geballte Wein-Kompetenz

Die Winzerin des Jahres 2015, Carolin Spanier-Gillot, führt ein Weingut wie aus dem Bilderbuch. Auf der einen Seite die familieneigene Jugendstilvilla, auf der an-

deren der angefügte Neubau – modern, verglast, mit tollen Loungemöbeln. Ein Highlight ist auch der parkähnliche Garten. Wenn Sie dort mit einem Glas Riesling flanieren, möchten Sie vielleicht gar nicht mehr weiterfahren. Spanier-Gillot verkörpert mit ihrer umfassenden Ausbildung den neuen Typus von Winzerinnen. Sie hat mit großem Selbstverständnis in Geisenheim studiert und 2002 das elterliche Weingut übernommen. Hier kommt geballte Kompetenz zusammen: Spanier-Gillots Mann gehört zu den besten Kellermeistern Deutschlands. Kein Wunder, dass Kenner den außergewöhnlichen Veranstaltungen entgegenfiebern, wie „Spargel & Wein" oder „Herbstliche Küche mit den Großen Gewächsen" – schauen Sie im Internet nach den Terminen.

5,2 km | 8 Min ▶ Ölmühlstraße 25, 55294 Bodenheim, Tel. 0 61 35/23 33. www.kuehling-gillot.de. Öffnungszeiten: Mo.–Fr. 9 bis 12 Uhr und 14 bis 17 Uhr, Sa. 10 bis 14 Uhr und nach telefonischer Vereinbarung. Ruhetage: Feiertage. Geschlossen: 10. bis 23. August 2015.

Die Weine € €

Die Weine schmecken alle fantastisch! Schon für knapp unter 10 € gibt es Weine der Quinterra-Serie, wie Riesling oder Grauburgunder. Im Stil internationaler sind die *Cuvées Giro* ab 7,90 €, empfehlenswert ist vor allem die Rotwein-Cuvée. Nach oben sind die Grenzen offen, es gibt tolle Ortsweine, Sekte sowie Große Gewächse, die dem Vergleich mit einem französischen Grand Cru locker standhalten können.

RESTAURANT BOOTSHAUS €€ €€

Nomen est Omen – das Bootshaus liegt direkt am Wasser – die Ruderer sind hier auch zu Hause. Das helle, moderne Restaurant wirkt ehrlich und unkompliziert, und ein paar Stunden auf der wunderschönen Terrasse sind wie ein Urlaubstag. Die Küche ist regional und bodenständig, aber vom Feinsten. Kein Wunder, denn das Konzept stammt von Frank Buchholz. Vielen ist er aus dem Fernsehen bekannt. Ihm liegt vor allem daran, Produkte aus der Region zu verarbeiten. Übrigens habe ich bei ihm das beste Wiener Schnitzel meines Lebens gegessen: dünn, saftig, mal mit gebackener Petersilie und Preiselbeeren oder mit Kartoffel- und Gurkensalat. Natürlich haben sie hier eine spannende Weinkarte. *Hauptgerichte etwa 18 bis 24 €.*

4,5 km | 9 Min Victor-Hugo-Ufer 1, 55116 Mainz, Tel. 0 61 31/1 43 87 00. www.bootshausmainz.de. Öffnungszeiten: Mo.–So. 11 bis 23 Uhr (warme Küche von 12 bis 14.30 und 17 bis 21.30 Uhr).

FAVORITE PARKHOTEL MAINZ €€ €€ €€

Das moderne 4-Sterne-Hotel wird von Familie Barth hervorragend geführt. Zum Hotel gehört neben der schönen Schwimmbadlandschaft mit Sauna und Fitnessbereich vor allem ein breit gefächertes gastronomisches Angebot. Das Küchenteam unter der Leitung von Philip Stein ist jung und innovativ und wurde mit einem Michelin-Stern bedacht. Wenn Sie es lieber etwas rustikaler mögen, haben Sie die Möglichkeit, regional in der Bierkutsche, in der Woitraub oder im Sommer im Biergarten zu essen. Ich habe da natürlich gleich den Mainzer Handkäs' mit Musik im Sinn … *Doppelzimmer mit Frühstück ab etwa 185 €.*

2,9 km | 5 Min Karl-Weiser-Straße 1, 55131 Mainz, Tel. 0 61 31/8 01 50. www.favorite-mainz.de.

FÜR ENTDECKER >> *Von Bodenheim ist es nur ein Katzensprung nach Mainz. Der romanische Dom ist natürlich Pflichtprogramm. Erkundigen Sie sich beim Tourismusbüro nach einer Stadtführung. Ich war beispielsweise beeindruckt, als der Stadtführer auf Einschusslöcher in den Häusern hinwies. Hochinteressant sind auch die Überreste aus Römischer Zeit, etwa das Römische Theater oder die Große Mainzer Jupitersäule.* <<

43

Eva Vollmer

Powerfrau mit Doktortitel

Erst im Jahr 2007 hatte die Jungwinzerin ihr eigenes Weingut gegründet, beziehungsweise einen eigenen Wein ausgebaut – und wurde prompt wegen ihrer her-

ausragenden Weine als Jungwinzerin des Jahres gefeiert. Als ob sie mit dem neuen Weingut nicht genug Arbeit hätte, erwarb sie ganz nebenbei auch noch einen Doktortitel. Mit ihrer strahlenden und souveränen Art konnte sie auch ihren Mann Robert Wagner überzeugen, in den Weinbereich zu wechseln. Beständig erweiterten die beiden die Rebflächen auf stolze elf Hektar, die sie ökologisch bewirtschaften. Klares Ziel: Die Weine sollen charaktervoll sein und ihre Handschrift widerspiegeln. Mittlerweile haben sie eine 5 000 Quadratmeter große Parklandschaft (den „Genussgarten") vor ihrer Vinothek KostBar errichtet. Dort wollen sie Weinpicknicks veranstalten. Schon allein das ist ein guter Grund, an dieser Autobahnausfahrt den Blinker zu setzen.

9,2 km | 10 Min ▶ Nieder Olmer Straße 65, 55129 Mainz Ebersheim, Tel. 0 61 36/4 64 72. www.evavollmer-wein.de. Öffnungszeiten: Mo., Di., Do. 16 bis 19 Uhr, Fr. 13 bis 19 Uhr, Sa. 9 bis 18 Uhr, So. 9.30 bis 11.30 Uhr. Ruhetag: Mi.

Die Weine €

Sehr pfiffig ist die Weißwein-Cuvée *11komma4. feinherb* – lecker feinfruchtig und leicht. Der Weißburgunder zeigt einen wunderbaren herzhaften, kernigen Charakter, der auch etwas Würziges mitbringt, das an Curry und Liebstöckel erinnert. Im Gaumen supersauber, das Terroir deutlich schmeckbar, mineralisch und lange im Nachhall – ein Gedicht.

WEIN WIRTSCHAFT HOTEL „DAS CRASS" €€

Egal, ob es um das moderne Hotel geht oder um ihre Wein Wirtschaft – Claudia und Arndt Weick haben ein tolles, ansprechendes Konzept. In ihrem hübschen Restaurant zaubern sie Rheinhessen-Carpaccio von Fleischwurst und Schwartenmagen oder Grüne Suppe von frischem Gonsenheimer Wild-Bärlauch und Schnitzel, Rheinhessische Art vom Weidekalb mit Kartoffel-Gurkensalat und dreierlei Pfeffer-Remoulade. Die 17 liebevoll eingerichteten Zimmer gefallen mit ihren leuchtenden Farben und sind alle mit schönen kleinen Details versehen. Sie fühlen sich dort bestimmt gut aufgehoben. *Hauptgerichte ab etwa 18 €.*

6,4 km | 6 Min ▸ Pariser Straße 129, 55268 Nieder-Olm, Tel. 0 61 36/81 44 80. www.das-crass.de. Öffnungszeiten: Di.–So. ab 17 Uhr. Ruhetag: Mo.

PARK INN BY RADISSON HOTEL MAINZ €€

Wenn Sie den ZDF-Fernsehgarten besuchen möchten, ist das moderne Park-Inn by Radisson nur zwei Kilometer entfernt. In die Mainzer Innenstadt hingegen benötigen Sie etwa zehn Minuten mit dem Auto. 2008 wurde das Hotel komplett renoviert. So sind die Zimmer mit modernem Design ausgestattet und haben einen hohen Wohlfühlcharakter. Im Restaurant können Sie sowohl regionale Spezialitäten genießen als auch internationale Gerichte bestellen. *Doppelzimmer mit Frühstück ab 105 €.*

3,2 km | 7 Min ▸ Haifa-Allee 8, 55128 Mainz, Tel. 0 61 31/7 20 80. www.park-inn-mainz.de.

FÜR ENTDECKER ≫ *Auch das Weingut Wagner im nahen Essenheim ist einen Besuch wert, nicht nur wegen der hervorragenden Spätburgunder oder des leckeren Essens vom Sauerbraten bis zum Rheinhessen-Sushi. Die Wagners veranstalten auch Krimilesungen. Hauptakteur ist dabei der promovierte Historiker Andreas Wagner, der packende Krimis aus dem Winzermilieu schreibt und zudem für die Weinvermarktung zuständig ist. Seine Brüder Ulrich und Christian kümmern sich um Weinberge und Keller. Lesungstermine, auch an anderen Orten: www.wagner-wein.de. ≪*

Joachim Bettenheimer

Charaktervolle Spätburgunder

Nachdem Jens Bettenheimer sein Studium in Geisenheim abgeschlossen und acht Monate bei der Fromm Winery in Neuseeland gearbeitet hatte (die dortigen Pinot

Noirs gehören zu den besten des Landes), kehrte er 2005 in den elterlichen Betrieb zurück. Seither arbeitet er akribisch, viele Weine werden nach langer Maischestandzeit spontan vergoren und klassisch im Holzfass ausgebaut. Das Resultat sind entsprechend charaktervolle Weine. Außerdem hat die Familie einen schönen Gutsausschank installiert, im ehemaligen Kuhstall, unter einem alten Kreuzgewölbe. Ein Muss ist der Handkäs' mit Musik mit einem Glas Silvaner oder eine Auswahl rheinhessischer, nach dem Vorbild spanischer Tapas kreierter Happen als Vorspeise. Und: Wenn Sie ein Glas zu viel probiert haben – es gibt auch Zimmer und eine Ferienwohnung.

4,8 km | 8 Min Stiegelgasse 32, 55218 Ingelheim am Rhein, Tel. 0 61 32/30 41. www.weingut-bettenheimer.de. Öffnungszeiten Gutsausschank Zum Kuhstall: Do., Fr. und Sa. ab 18 Uhr, So. ab 15.30 Uhr, Feiertage ab 12 Uhr. Öffnungszeiten Weingut: nach Vereinbarung.

Die Weine €

Über viele Jahre galt Ingelheim als die Rotweinstadt. Eine der Legenden, die sich um Kaiser Karl den Großen ranken, besagt, dass hier, nahe der Kaiserpfalz, die deutsche Wiege des Spätburgunders lag. Wenn Sie erst die Spätburgunder mit ihrer unglaublichen Kräuterwürze verkostet haben, glauben Sie an die Rotweine in Rheinhessen. Aber Bettenheimer macht auch hervorragende Silvaner, Weiß- und Grauburgunder. Sie sind absolut klar und spiegeln das Terroir wider.

RESTAURANT & WEINSTUBE WEINGEIST MILLENNIUM

Erst 2013 hat Paride Nicoli, genannt Mimmo, die Regie in diesem Restaurant übernommen. Der umtriebige Norditaliener kommt aus dem Friaul und das merkt man seiner Speisekarte zum Glück an. Er kocht mit Hingabe und interpretiert klassische Rezepte aus seinem Elternhaus neu: Rucolasalat mit geraspelten Birnen oder Ciasons (Gefüllte Tortellini mit Kartoffeln, Pflaumen und geräuchertem Ricotta). Als Hauptgang vielleicht Kalbsfilet im schwarzen Sesammantel mit Artischocken? Im Preis unschlagbar ist das 3-Gänge-Business-Menü (21,50 €). Neben dem Restaurant gibt es die Weinstube Weingeist, in der kleine Speisen gereicht werden. *Hauptgerichte im Restaurant ca. 18 €, in der Weinstube Weingeist ab 10 €.*

1,2 km | 3 Min Bleichstraße 1, 55218 Ingelheim, Tel. 0 61 32/7 11 20 70. www.das-millennium.de. Öffnungszeiten: So., Di.–Fr. 12 bis 14 und 18 bis 24 Uhr (Küche bis 22 Uhr), Sa. 18 bis 24 Uhr (Küche bis 22 Uhr). Ruhetag: Mo.

WASEMS WEINHOTEL €

Wunderbar, dass es noch so sensationelle Familienbetriebe gibt! Hand in Hand kümmern sich Holger und Burkard Wasem um das Weingut, ihre Frauen führen Restaurant und Weinhotel, und die Kinder treten zum Teil auch schon in die elterlichen Fußstapfen. Ich sage Ihnen, das Ergebnis ist famos! Die Gäste tafeln unter schönen alten Kreuzgewölben und übernachten in unmittelbarer Nähe zum Kloster in geschmackvoll gestalteten Zimmern mit harmonischen Farben und klaren Linien. Teilweise haben die Zimmer auch eine schöne Terrasse dabei – ideal, um ein gutes Glas Wein aus dem hauseigenen Weingut zu genießen! *Doppelzimmer mit Frühstück ab 95 €.*

4,7 km | 9 Min Edelgasse 15, 55218 Ingelheim am Rhein, Tel. 0 61 32/23 04. www.wasem.de. Öffnungszeiten: täglich ab 12 Uhr. Ruhetag: Mi.

FÜR ENTDECKER >> *Seit über 100 Jahren beschäftigen sich in Ingelheim die Archäologen mit den Überresten der Kaiserpfalz Karls des Großen. Der Komplex ist heute gut erschlossen und vermittelt ein packendes Bild von Leben und Hofhaltung im frühen Mittelalter, aber auch von der mühevollen Arbeit der Altertumsforscher.* <<

Wagner~Stempel

Mit Pionierarbeit zurück zum Weltruf der Lagenrieslinge

Unter der Leitung von Daniel Wagner ist das alteingesessene Weingut ganz an die Spitze der Deutschen Weine gerückt. Entsprechend wurde der Winzer im Jahr 2009

im Gault Millau als Aufsteiger des Jahres gefeiert. Er knüpft an eine große Vergangenheit an: Vor 70 Jahren galten die Weine aus den Lagen des Höllbergs und Heerkretz als gleichwertig mit den großen Rheingauer Lagen. Durch Daniel Wagners Akribie haben diese Rieslinge ihren großen Ruf zurückbekommen. Auch architektonisch hat das Gut seinen Charme. Wunderschön mutet der idyllische Innenhof an, und ab zwei Nächten haben Sie die Möglichkeit, in einem der sehr schön renovierten Appartements zu übernachten – Bed & Breakfast in Rheinhessen.

7,5 km | 10 Min ▶ Wöllsteiner Straße 10, 55599 Siefersheim, Tel. 0 67 03/96 03 30. www.wagner-stempel.de. Öffnungszeiten: Mo.–Fr. 9 bis 12 und 13 bis 17 Uhr, Sa. 10 bis 16 Uhr. Ruhetag: So.

Die Weine € €

Wagners Weine sind bekannt für ihre klare, kernige und ehrliche Art. Neben großartigen Rieslingen, wie *Siefersheim Riesling vom Porphyr trocken* – ein sehr kraftvoller, markanter, unglaublich vielschichtiger Riesling, bei dem Sie regelrecht den Boden schmecken und den Sie lange im Nachhall spüren –, bis hin zum Großen Gewächs mag ich besonders die sehr floralen Silvaner und den knackigen Sauvignon Blanc. „Geniale Weine aus einer der schönsten unbekannten Landschaften Deutschlands, die eine vibrierende Frische und kaleidoskopische Aromen besitzen", schrieb Weinpapst Stuart Pigott.

ZUM GOLDENEN ENGEL ⓔ ⓔ ⓔ

In der denkmalgeschützten ehemaligen Poststation derer von Thurn und Taxis hat sich dieses Restaurant etabliert. Hier wurden moderne und historische Elemente gekonnt verbunden. Bruchstein und dicke Balken, Parkett und massive Holztische bilden mit dezenten Designerlampen einen schönen Rahmen für einen inspirationsoffenen Koch. Klaus Mayers Credo lautet: Verfeinerung des Bodenständigen. Zu den Dauerbrennern auf seiner stets variierenden Speisekarte zählen der Kross gebratene Pulpo mit Thymianpolenta und mediterranem Gemüsesalat sowie das Angemachte Rindertatar mit Macairekartoffeln, Mandelbrokkoli und Kräuterseitlingen. Den Service besorgt aufmerksam und brillant Mayers Frau Sabine, ebenfalls eine Meisterin ihres Faches. Besonderer Hingucker: die „begehbare Weinkarte" mit über 100 ausgesuchten Großen Gewächsen aus Rheinhessen und dem Rest der Welt. Im Sommer lädt der lauschig schattige Innenhof zum Verweilen ein. *Hauptgerichte etwa 24 €.*

14,3 km | 13 Min Marktplatz 3, 55237 Flonheim, Tel. 0 67 34/91 39 30. www.zumgoldenenengel.com. Öffnungszeiten: Mo. und Di. 17 bis 22 Uhr, Fr., Sa., So. 12 bis 14 und 17 bis 22 Uhr. Mai bis August: auch Do. 17 bis 22 Uhr. Ruhetag: Mi. Um Reservierung wird gebeten.

WEINGUT UND LANDHOTEL STRUBEL-ROOS ⓔ

Angeschmiegt an das Weingut Strubel-Roos und an die historische Stadtmauer finden Sie in Flonheim das Landhotel im Klostereck, das die Familie Roos seit 2006 im mediterranen Stil ausbaute. Die Zimmer sind liebevoll und komfortabel eingerichtet. Versuchen Sie, eines der Doppelzimmer im romantischen, historischen Tagelöhnerhäuschen zu bekommen. Den Tag beginnen Sie mit dem reichhaltigen Schlemmerbüffet zum Frühstück. Für einen Ausflug in die Weinberge können Sie im Hotel auch E-Bikes mieten. Oder Sie gehen direkt zur Weinprobe in das angeschlossene Weingut, wo nicht weniger als 21 verschiedene Rebsorten angebaut werden! Vielleicht interessiert Sie ja auch die hauseigene Sektproduktion … *Doppelzimmer mit Frühstück ab 87 €.*

9 km | 13 Min Klostereck 10, 55237 Flonheim, Tel. 0 67 34/96 24 22. www.strubel-roos.de.

Weingut Wittmann

Klare, fruchtige Weißweine wie aus dem Bilderbuch

Schon viele Jahre imponiert mir das Familienweingut, vor allem, weil es schon in den 80er-Jahren konsequent auf ökologischen Weinbau umgestellt wurde. Perfekt ist

auch der Übergang des Guts von Günter und Elisabeth Wittmann auf ihren Sohn Philipp gelungen, der übrigens mit der Winzerin Eva Clüsserath von der Mosel verheiratet ist. In letzter Zeit hatte ich die Gelegenheit, einige gereifte Rieslinge der Wittmanns zu verkosten – ein tolles Erlebnis! Selbst nach 15 Jahren präsentieren sich die Weine noch so jung, fruchtig und klar, dass man ihnen ihr wirkliches Alter niemals zutrauen würde. Lei-

denschaft, Hingabe und Kompetenz, die zu hervorragenden Weinen führen – ausreichend Gründe, dass Wittmann als Weingut des Jahres ausgezeichnet wurde. Ein richtiges Kleinod ist der parkähnliche Garten des Guts. Dort wachsen sogar exotische Bäume und Pflanzen; man fühlt sich dort ganz verzaubert.

4,5 km | 6 Min Mainzer Straße 19, 67593 Westhofen, Tel. 0 62 44/90 50 36. www.weingutwittmann.de. Öffnungszeiten: Mo.–Fr. 9 bis 12 und 13 bis 17 Uhr, Sa.11 bis 15 Uhr. Ruhetage: So. und Feiertage. Anmeldung erbeten.

Die Weine €€€

Die Weine, vorwiegend Rieslinge, aber auch Silvaner und Weißburgunder, sind so strahlend und fruchtig – sie kommen mir wie Bilderbuchweine vor. Wann haben Sie eigentlich das letzte Mal eine Scheurebe getrunken? Probieren Sie die Scheurebe von Wittmann – dagegen hat es manch internationaler Sauvignon Blanc sehr schwer.

RESTAURANT WEINGEWÖLBE €€€

Seinem Herzen, seiner Liebe oder, genauer, seiner Ehefrau Stefanie folgte der ambitionierte französische Koch Jean-Marie San Martin nach Deutschland. Nach seiner Lehre bei Altmeister Paul Bocuse und Stationen in diversen Top-Küchen eröffnete er 1992 sein Restaurant in einem 120 Jahre alten Hofgut. Der Stall mit Kreuzgewölbe wurde zum Gastraum, und im Sommer kann man auch im Garten dinieren. Die Küche ist anspruchsvoll und natürlich französisch orientiert. Vegetarier dürfen sich auf eine Symphonie der Wildkräuter mit Pesto der Tomate freuen. Für Fischliebhaber gibt es Skrei-Kabeljau auf Butter von Lemon und frischen Kräutern. Als fleischliche Alternative bieten sich Kalbsnierchen auf körniger Sahnesenfsauce an. Anschließend kann man sich in einem der Gästezimmer zur Nachtruhe betten. Die individuell gestalteten Räume sind eine Augenweide.
Hauptgerichte etwa 25 €.

3,1 km | 4 Min Alzeyer Straße 2, 67593 Bermersheim, Tel. 0 62 44/52 42. www.weingewoelbe.com. Öffnungszeiten: Mi.–Sa. ab 18 Uhr, So. und Feiertage 12 bis 14 und ab 18 Uhr und nach Vereinbarung.

LANDGUT SCHILL €

Der auf einer Anhöhe zwischen Weinbergen und Pferdekoppeln gelegene Aussiedlerhof wurde Ende der 90er-Jahre von der alteingesessenen Familie Schill in ein modernes Hotel umgebaut. Peppig sind die Zimmer – mal mit knallroter Wand –, aber alle mit Holzböden und geradliniger Ausstattung. Eine große Bereicherung ist es, dass hier seit 2010 Vollblutgastronom Wolfgang Dubs seine Zelte aufgeschlagen hat. Dubs gilt als Pionier der veredelten rheinhessischen Regionalküche. Gänseleber wird bei ihm auf der Karte nicht fehlen, er bietet aber auch das traditionelle Winzerkoteletts mit Bratkartoffeln. Sehr beliebt ist sein Mittagstisch: Suppe und Hauptgericht für 9,90 €. Ich persönlich freue mich so über die breit gefächerte Weinkarte, natürlich mit Schwerpunkt Rheinhessen. Richtig schwer wird es nur, sich bei den 50 Weinen im offenen Ausschank zu entscheiden!
Doppelzimmer mit Frühstück ab etwa 90 €.

6,8 km | 6 Min Am Mühlpfad 10, 67574 Osthofen, Tel. 0 62 42/822. www.landgut-schill.de.

Weingut Keller

Die Hohepriester des deutschen Rieslings

Eine der ersten Adressen im deutschen Weinbau: In den 80er- und 90er-Jahren bauten Hedwig und Klaus Keller einen Musterbetrieb auf, der nun von Julia und

Klaus Peter Keller seit 2007 geführt wird. Beide lieben Präzision und Eleganz mehr als die schiere Kraft im Wein. Die New York Times bezeichnet das Rheinhessische Dreamteam als „Hohepriester des deutschen Rieslings". Abgehoben sind die beiden deshalb nicht. Ganz im Gegenteil: Sie lieben die Arbeit in ihren Weinbergen (neun Grand Crus befinden sich mittlerweile im Besitz der Familie) und sind meistens auch in den Rebgärten zu finden. Ihre edelsüßen Rieslinge, Rieslaner und Scheureben sind großartig, und ihre trockenen Weißweine haben so großes Potenzial, dass es einen manchmal reut, wenn sie zu jung getrunken werden.

 6,7 km | 8 Min ▶ Bahnhofstraße 1, 67592 Flörsheim-Dalsheim, Tel. 0 62 43/456. www.keller-wein.de. Öffnungszeiten: Mo.–Fr. 9 bis 12 und 13 und 17 Uhr, Sa. 10 bis 15 Uhr. Anmeldung erbeten.

Die Weine ⓔ ⓔ ⓔ

Der trockene *Riesling G-Max* gehört zweifelsohne zu den besten Rieslingen der Welt. Aber auch sein kleiner Bruder, der *Riesling von der Fels* (aus den 15 bis 20 Jahre alten Reben der Grand-Cru-Parzellen), zählt zu den Rieslingen, in die man sich schnell verliebt. Für um die 10 € gibt es zudem wunderbare Weißburgunder, Grauburgunder und – nicht zu vergessen – Julia Kellers Liebling: die fein nach Cassis und Pampelmuse duftende, herrlich mineralische Scheurebe.

WEINSTUBE VILLA WOLF ⓔ

Ein Kleinod der Jugendstil-Architektur ist die Villa Wolf in Westhofen. Bereits 1839 wurde das Grundstück bebaut – aber erst 1897/98 hat Maria Orb, die „Riesling-Marie", die Villa im heutigen Stil umgebaut. Perfekt ist hier die Wandlung vom historistischen zum Jugendstil zu erkennen. Im Jahr 2000 wurde das Haus vom Land Rheinland-Pfalz zum Kulturdenkmal erhoben. Das gemütlich eingerichtete Restaurant bietet einen romantischen Garten zum Entspannen. In der Beletage befindet sich ein historischer Festsaal mit hoher Holzdecke und imposanten Kronleuchtern. Die Küche ist regional und bodenständig ausgerichtet. Dazu gibt es eine exzellente Auswahl der besten rheinhessischen Weine. Mit etwas Glück können Sie an einem der beeindruckenden Klavier- und Musikabende teilhaben. Wunderschöne Accessoires für Haus, Hof und Garten können Sie hier ebenfalls erwerben. *Hauptgerichte für etwa 10 €.*

10,5 km | 9 Min ▸ Osthofener Straße 24, 67593 Westhofen, Tel. 0 62 44/57 96 60. www.villawolf.eu. Öffnungszeiten: Do.–Mo. 18 bis 24 Uhr (warme Küche bis 22 Uhr), So. 11 bis 24 Uhr. Reservierung erbeten.

WEINGUT UND FERIENWOHNUNG CORNELIA DÜRKES ⓔ

Hier an der Grenze der Weinbauregionen Rheinhessen und Pfalz können Sie mitten in den Rebgärten übernachten. Cornelia Dürkes hat neben ihrem Weingut Ferienwohnungen eingerichtet – nett, modern, in familiärem, entspanntem Ambiente und unglaublich preiswert. Im Garten mit großer Liegewiese können Sie die Seele baumeln lassen. Der Ausblick reicht über die Rheinebene bis zum Odenwald. *Ferienwohnung: 2 Personen für 50 €.*

9,7 km | 11 Min ▸ Hahlgasse 9, 67591 Mölsheim, Tel. 0 62 43/55 16. www.duerkes.de.

FÜR ENTDECKER >> *In Flörsheim-Dalsheim, also im gleichen Ort, in dem das Weingut Keller liegt, befindet sich auch die beste Sektkellerei Deutschlands. Volker Raumland ist eine Legende im Bereich der Schaumweine. Sein Triumvirat rangiert stets auf den vordersten Plätzen; ich empfehle auch die Cuvée Katharina (14,50 €; www.raumland.de).* <<

Knipser

Das deutsche Rotweinwunder ...

... ist eine Bezeichnung, die auf die Knipsers absolut zutrifft. Die beiden Brüder – Werner als Kellermeister, Volker im Vertrieb – stellten schon in den 80er-Jahren die Weinwelt auf den Kopf. In ei-

ner Zeit, in der deutsche Rotweine noch als zu dünn und hellfarbig abgetan wurden, warteten sie schon mit kraftvollen Weinen auf, die internationalen Gewächsen in nichts nachstanden. Weitsichtig wie sie waren, hatten sie schon früh internationale Rebsorten wie Cabernet Sauvignon, Merlot oder Syrah gepflanzt. Dass sie nach wie vor stets einen Schritt voraus sind, dafür sorgt Werner Knipsers Sohn Stephan, der schon einige Jahre als Inhaber wie auch als Kellermeister im Betrieb tätig ist. Ihm liegt daran, die Lagen mit ihren unterschiedlichen Stilistiken herauszuarbeiten sowie langlebige Weine zu produzieren. Wenn ein Wein (auch ein Weißwein) nach fünf, sechs oder mehr Jahren so richtig zur Hochform aufläuft – das macht für mich einen großen Wein aus. Besuchen Sie doch die 2011 entstandene Vinothek oder, wenn Sie hungrig sind, „Knipser's Halbstück" (eine Weinstube mit Verkauf) in Bissersheim.

6,5 km | 9 Min Hauptstraße 47, 67229 Laumersheim, Tel. 0 62 38/742. www.weingut-knipser.de. Öffnungszeiten: Mo.–Fr. 10 bis 12 und 14 bis 18 Uhr, Sa. 10 bis 16 Uhr. Ruhetage: So. und Feiertage.

Die Weine ⓔ ⓔ ⓔ

Das Flaggschiff, die *Rotwein-Cuvée X*, ist immer wieder ein gigantisches Erlebnis: dunkelfarbig, fleischig, im Duft an Thymian und Rosmarin erinnernd. Ein Knaller mit exotischen Fruchtaromen ist der *Sauvignon Blanc* zu 10,30 €. Ein charmanter Gaumenschmeichler ist die *Cuvée Weißburgunder & Chardonnay*.

WEINSTUBE IM WEINGUT METZGER €

Nomen est Omen: Die Hits der gemütlichen Weinstube im Weingut Metzger sind das Rumpsteak und die riesigen Koteletts. Mutter Ruth Metzger kocht und brät mit viel Liebe alles selbst und die Zubereitungen sind immer echt pfälzisch und handgemacht. Filet, Pastorenstück und Flanke – also von gehoben bis einfach – so heißen auch die verschiedenen Linien des Weinguts. Und die Etiketten tragen Bullen mit den entsprechenden Fleisch-Cuts. Eine witzige und mutige Idee. Die Qualität aller drei Linien ist einfach klasse. Auch die acht Zimmer sind sehr nett und gemütlich und von Weinliebhabern meist gut gebucht. *Hauptgerichte ab etwa 8 €.*

6,4 km | 6 Min ▶ Langgasse 34, 67269 Grünstadt-Asselheim, Tel. 0 63 59/53 35. www.wein-metzger.de. Öffnungszeiten: Mi.–Sa. ab 17 Uhr, So. 11 bis 14 Uhr. Ruhetage: Mo. und Di.

HOTEL ALTE PFARREY € €

Wie ein König wohnen Sie in einem der elf außergewöhnlichen Zimmer. Ob im Fürstenzimmer, Hochzeitszimmer oder auch in einem „normalen" Zimmer, alle sind sie geräumig und könnten auch in einem Schloss integriert sein. Auch das zum Haus gehörende Gourmetrestaurant ist seit vielen Jahren hoch angesehen. Im wunderschönen Wintergarten mit Blick auf das alte Gemäuer fühlen Sie sich dem Alltag ganz entrückt. Die mit einem Michelin-Stern ausgezeichnete Küche von Maik Gehrke verführt Sie zum Beispiel mit Pfälzer Frühlingsgemüse mit gebackenem Bio-Eigelb und Trüffel oder Suprême vom Schwarzfederhuhn mit Spargel, Kartoffelespuma und Thymianjus. *Doppelzimmer mit Frühstück ab etwa 130 €.*

5,2 km | 10 Min ▶ Untergasse 54, 67271 Neuleiningen, Tel. 0 63 59/8 60 66. www.altepfarrey.de. Zimmerbuchungen für Wochenenden und Feiertage nur in Verbindung mit einer Tischreservierung.

FÜR ENTDECKER >> *Wandern auf dem „Höllenpfad": Durch vier Weinbergslagen rund um Grünstadt führt dieser gemütliche, knapp sechs Kilometer lange Weg. Schon landschaftlich ist er sehr lohnend, und an bestimmten Terminen bauen Weingüter entlang der Route ihre Stände auf und bieten Wein und kleine Schmankerl an (www.gruenstadt.de).* <<

Markus Schneider

Markige Rotweine eines Senkrechtstarters

Wenn es um deutsche Weine geht, geraten bei Markus Schneider viele Weinliebhaber ins Schwärmen. Ich kenne kaum jemanden, der sich in so kurzer Zeit so etabliert

und einen hervorragenden Namen geschaffen hat. Aber eins nach dem anderen: Ellerstadt galt früher nicht gerade als Weinhochburg, bis 1994 Markus Schneider dort seine ersten eigenen Weine ausbaute. Die damals altbackene Rebsorte Portugieser vermarktete er unter der Bezeichnung Einzelstück. Spätestens mit seiner Rotwein-Cuvée Black Print schaffte er es an die Spitze der Publikumsgunst. Diese Cuvée, tiefschwarz in der Farbe, modern gearbeitet, mit Frucht und Konzentration, entsprach so gar nicht mehr der Vorstellung eines typisch deutschen Rotweins. 2006 baute Schneider mitten in den Reben des Kirchenstücks einen spektakulären neuen Keller, einen großen Glaskasten aus Stahl und Beton, wie man das heute so baut … Aktuell wird ein weiterer Neubau fertiggestellt, um weitere Kapazitäten zu schaffen. Nicht weniger als 80 Hektar stehen derzeit im Ertrag, weitere zwölf Hektar wurden neu bepflanzt.

 Am Hohen Weg 1, 67158 Ellerstadt, Tel. 0 62 37/72 88. www.black-print.net. Öffnungszeiten: Mo.–Fr. 9 bis 17.30 Uhr, Sa. 10 bis 16 Uhr. Ruhetag: So.

Die Weine €€

Super spannend sind seine Weine wie *KAITUI*, ein Sauvignon Blanc, der im Duft an Holunderblüten, Weinbergpfirsich und Cassis erinnert. Manche Weine heißen auch *TOHUWABOHU* oder *HULLABALOO*. Ich persönlich bin ein großer Fan des fleischig-würzigen *Syrah*.

RESTAURANT UND HOTEL GEBRÜDER MEURER Ⓔ Ⓔ

Wenn Sie erst einmal die wunderschöne Location gesehen haben, wundern Sie sich nicht mehr, dass hier so viele Hochzeiten stattfinden. Sehr stilvoll können Sie in dem mediterranen Restaurant speisen. Im Herbst bekommen Sie die schmackhaftesten Gänse oder auch Ente mit Rotkohl, aber auch Seeteufel mit mediterranem Gemüse. Die Weinkarte lässt ebenfalls keine Wünsche offen. Das Restaurant ist wie das Hotel in einen romantischen toskanischen Park eingebettet, in dem zwischen Zypressenalleen, seltenen Rosen, verwitterten Gartenmauern und Buchshecken stolze Pfauen flanieren. Genauso edel im toskanischen Stil haben Harry und Wolfgang Müller die Zimmer eingerichtet. Ein fantastischer Spa-Bereich entzieht Sie dem Alltag. Es gibt sogar eine Badehaus-Suite mit eigenem Pool. *Hauptgerichte ab etwa 17 €.*

13,3 km | 13 Min Hauptstraße 67, 67229 Großkarlbach, Tel. 0 62 38/6 78. www.restaurant-meurer.de. Öffnungszeiten: Restaurant Mo.–So. 18 bis 1 Uhr, Sonntags-Lunch 11.30 bis 14 Uhr, Café: Sa., So. und Feiertage 14 bis 18 Uhr.

1514 BOUTIQUE HOTEL FREINSHEIM Ⓔ

Mitten im wunderschönen Städtchen Freinsheim an der Weinstraße liegt dieses hübsche, in historischen Gemäuern untergebrachte Boutiquehotel. Es bietet Zimmer und Suiten, die allesamt neu ausgestattet wurden – klassisch-modern im Stil, in tollen Farben gehalten, einfach sehr ansprechend. Das Restaurant mit dem schönen Kreuzgewölbe wurde ebenfalls hell und modern gestaltet. Die Speisekarte bietet eine feine überschaubare Auswahl von Gerichten wie: Lauwarme Terrine von Nudeln und Trüffeln an einer Parmesansauce und Panna Cotta mit Ananasragout und Minzpesto. *Doppelzimmer ab 80 €, plus Frühstück 12 €/Person.*

8,3 km | 11 Min Hauptstraße 29, 67251 Freinsheim, 0 63 53/5 05 84 10. www.1514-freinsheim.com.

FÜR ENTDECKER >> *Unweit von Maxdorf, bei Gönnheim an der „Gänsewiese", wurden Spuren spätantiker römischer Siedlungen und ein römisches Gräberfeld entdeckt. Eindrucksvolle steinerne Sarkophage und zahlreiche Grabbeigaben sind in einem Freilichtmuseum zu bewundern.* <<

Pfeffingen

Sensationell fruchtige Weißweine

Malerisch eingebettet inmitten von Rebgärten, in denen es von Funden aus der Römerzeit nur so wimmelt, liegt das sehr nette, wirklich bodenständige Weingut der Familie Eymael. Karin und Jan – beide haben sie Önologie in Geisenheim studiert und Erfahrungen in Bordeaux, Kalifornien und Australien gesammelt – bilden ein starkes Team. Mutter Doris ist ebenfalls noch fest im Betrieb eingebunden, und die drei Kinder sorgen für Lebendigkeit. Als Doris 1987 den Betrieb eigenverantwortlich übernahm, gehörte sie zu den ersten großen Weindamen Deutschlands. Und ihre Weine sind mittlerweile so beliebt, dass sie teilweise in der Subskription angeboten werden (das heißt: Sie kaufen den Wein nicht erst, wenn er abgefüllt ist, sondern ordern und bezahlen ihn bereits im Vorfeld, um sich einen Anteil der begehrten Flaschen zu sichern). Ein solches Vorgehen kennt man sonst vor allem bei Weinen aus Bordeaux.

5,2 km | 6 Min ▶ Pfeffingen 2, 67098 Bad Dürkheim, Tel. 0 63 22/86 07. www.pfeffingen.de. Öffnungszeiten: Mo.–Fr. 8 bis 12 und 13 und 18 Uhr, Sa. 9 bis 12 und 13 bis 16 Uhr. So. und Feiertage nach telefonischer Vereinbarung.

Die Weine €€

Sagenhaft und einzigartig ist die *Scheurebe SP trocken* (17 €) von über 30 Jahre alten Reben. Der Wein zeigt eine immense Konzentration und erinnert im Duft an grünen Pfeffer, grüne Paprika und frische Kräuter. Alles, was er im Duft verspricht, hält der Wein auch am Gaumen, und er bleibt noch lange im Nachhall. Ein regelrechter Bilderbuchwein ist auch der *Riesling Terra Rossa Ungestein trocken*, der mit seiner kernigen Art einen verführerischen Duft nach Ananas und Krokant besitzt. Er trinkt sich einfach strahlend schön.

HOFGUT GÖNNHEIM ⓔ ⓔ

Das Hofgut Gönnheim gehört zu den ältesten Familienweingütern in der Pfalz, und wird heute von Peter und Nico von Thun und Hohenstein-Blaul in der 14. Generation geführt. Mit den beiden Herren ist frischer Wind eingezogen. Vor allem das Restaurant unter Leitung von Küchenchef Marco Grenningloh kann ich Ihnen ans Herz legen. „Fleisch ist seine Leidenschaft", werden Sie feststellen, wenn Sie erst einmal sein Dry aged beef aus der Metzgerei Jürgen David in Worms probiert haben. Wunderbar sind auch seine Glasierten Schweinebäckchen auf Sauerkraut mit Meerrettichkartoffeln und Speckschaum. Aber auch Vegetarier kommen auf ihre Kosten, etwa bei Tagliatelle und grünem Spargel mit Zitronenschaum. Dann noch die hauseigenen Weine! Übernachten dürfen Sie hier in dem zauberhaft renovierten Wohnhaus der Großeltern. Dort wurde eine tolle Symbiose zwischen Modernem und Antiquitäten aus dem Familienbesitz geschaffen. *Hauptgerichte ab etwa 16 €.*

1,3 km | 3 Min ▶ Ludwigstraße 52, 67161 Gönnheim, Tel. 0 63 22/9 88 67 20. www.hofgut-goennheim.de. Öffnungszeiten: Mo., Di., Do. und Fr. 17.30 bis 23 Uhr (warme Küche bis 21.30 Uhr), Sa. und So. 11.30 bis 14.30 und 18 bis 21.30 Uhr (warme Küche bis 23 Uhr).

HOTEL ANNABERG ⓔ

Das Hotel ist mitten in den Reben gelegen, denn es ist ein ehemaliges Weingut. Die geschmackvollen Zimmer und die Winzersuiten sind sehr individuell ausgestattet. Jede Suite ist einem namhaften Winzer aus der Pfalz gewidmet, weshalb sich Details des jeweiligen Weinguts hier finden, und auch die Minibar ist mit den entsprechenden Weinen gefüllt. *Doppelzimmer ab 80 €, plus Frühstück 12 €/Person.*

7,5 km | 9 Min ▶ Annabergstraße 1, 67098 Bad Dürkheim, Tel. 0 63 22/9 40 00. www.hotel-annaberg.de.

....

FÜR ENTDECKER >> *Buchen Sie doch mal einen Kurs der 1. Mannheimer Kochschule im ehemaligen Weingut Bonnet in Friedelsheim: In der umgebauten, großzügigen Küche gibt es tolle Kochkurse für jedes Interesse und jeden Geschmack. Sensationell ist die große Grillstation (www.mannheimerkochschule.de).* <<

....

Dr. Bürklin-Wolf

Rieslinge für die Ewigkeit

Wenn es um legendäre Weine geht, kommt mir Weingut Dr. Bürklin-Wolf sofort in den Sinn. Die wirklich großen Rieslinge aus den Spitzenlagen in Deidesheim, Forst,

Ruppertsberg und Wachenheim sind auf der ganzen Welt berühmt! Seit 1990 leitet Bettina Bürklin-von Guradze die Geschicke des Weinguts. Vor allem imponiert mir, dass sie ihre 86 Hektar Rebflächen (das ist schon eine internationale Dimension!) seit 2005 komplett biodynamisch bearbeitet. Sie ist davon überzeugt, dass das der Qualität zugute kommt, und sie hat wahrlich recht! „Die Rückbesinnung auf das Terroir ist für uns nicht einfach ein Lippenbekenntnis, sondern Ausdruck des Respekts für unseren Boden und dessen Natur. Wir tun dies alles nicht nur für unseren heutigen Nutzen, sondern für den Erhalt dieser gottgeschenkten, natürlichen Ressource für weitere Generationen." Wunderbar ist eine Verkostung mit dem netten Verkaufsleiter Tom Benns. Er hat ein sehr feines Gespür für die Weine, und sein englischer Akzent verleiht ihm etwas Spitzbübisches.

10,6 km | 13 Min Weinstraße 65, 67157 Wachenheim an der Weinstraße, Tel. 0 63 22/9 53 30. www.buerklin-wolf.de. Öffnungszeiten Vinothek: täglich 11 bis 18 Uhr (auch Sa. und So.).

Die Weine €€€

Von der einfachen Qualität, dem *Riesling trocken* zu 9,50 €, bis hin zu den Großen Gewächsen von 50 € bis 100 € sind es fulminante, große vielschichtige und tiefgründige Weine, die eine ungeheure Langlebigkeit besitzen! Ich habe schon viele dieser wundervollen Rieslinge erst nach zehn Jahren getrunken, und sie wirkten noch immer jung und frisch – spätestens da spüren Sie die große Güte der Weine.

WEINSTUBE IM WEINGUT EYMANN ⓔ ⓔ

Gönnheim ist für mich ein Weindorf wie im Bilderbuch. Ich glaube, es gibt hier zehn oder mehr verschiedene Weingüter. Unbedingt probieren müssen Sie die Weine des Eymann, einem Pionier des ökologischen Weinbaus in der Region. Noch besser: Sie kehren in der Weinstube ein und kaufen anschließend noch ein paar Flaschen. Es geht hier sehr gemütlich und unkompliziert zu. Nicht selten lernen Sie noch einen netten Pfälzer kennen. Im Sommer lädt die üppig grüne Terrasse zum Verweilen ein. Zum knackig-frischen Riesling müssen Sie unbedingt Eymanns Riesling-Weinsuppe probieren oder Rindfleischsalat mit Bratkartoffeln oder gar den beliebten Saumagen. Danach haben Sie bestimmt noch ein bisschen Platz, sodass Sie Eymanns Blätterteig-Rahmkuchen mit Zucker, Zimt und Vanilleeis oder ihren hausgemachten Apfelstrudel versuchen können. *Hauptgerichte ab etwa 12 €.*

8,4 km | 10 Min Ludwigstraße 35, 67161 Gönnheim, Tel. 0 63 22/28 08. www.weingut-eymann.de. Öffnungszeiten: Do. und Fr. ab 18 Uhr, Sa. ab 17 Uhr.

GARTENHOTEL HEUSSER ⓔ ⓔ

Wo früher eine Obstwiese war, entstand 1953 ein Hotel. Die restlichen Obstplantagen wurden in einen schönen Garten umgewandelt, und so kam das Hotel zu seinem Namen. Mit viel Herzblut wird ständig modernisiert: 2007 kam ein Neubau mit Hallenbad, verschiedenen Saunen, Dampfbad, Floater und stilvollen Ruheräumen hinzu. Diese wurden in den letzten Jahren nochmals erweitert und verschönert. Küchenchef Willi Rheinheimer ist besonders stolz auf sein Grillhaus, im Sommer erfreut es sich großer Beliebtheit. *Doppelzimmer mit Frühstück ab etwa 140 €.*

14,8 km | 13 Min Seebacher Straße 50-52, 67098 Bad Dürkheim, Tel. 0 63 22/93 00. www.hotel-heusser.de.

FÜR ENTDECKER >> *Als totales Kontrastprogramm zur gediegenen, traditionsreichen Weinkultur empfehle ich einen Abstecher in den Haßlocher Holiday Park: Neben wilden Achter- und Wasserbahnen gibt es dort unter anderem auf der Burg Falkenstein auch eine Reise ins Mittelalter, die sich selbst nicht allzu ernst nimmt (www.holidaypark.de).* <<

Reichsrat von Buhl

Teil der „drei großen B"

Schon im 19. Jahrhundert sprach man ehrfürchtig von den „drei großen B": Reichsrat von Buhl, Dr. Bürklin-Wolf (siehe S. 60) und Geheimer Rat Dr. von Bassermann-Jordan.

Alle drei Weingüter schließen heute an die damaligen Glanzzeiten an. Ein großes Verdienst gebührt dabei dem kürzlich verstorbenen Unternehmer Achim Niederberger und dessen Frau Jana, die die Weingüter jetzt erfolgreich weiterführt. Aber der Reihe nach. Nachdem Niederberger unter anderem Bassermann-Jordan übernommen hatte, bekam er auch Reichsrat von Buhl in sein Portfolio. Nicht nur, dass die Unternehmerfamilie viel Geld in die Hand genommen hat, auch vor ihrer Personalpolitik kann ich nur den Hut ziehen! Als Betriebsleiter wurde Richard Grosche geholt, und ihm zur Seite steht als technischer Direktor und Kellermeister Mathieu Kaufmann. Der gebürtige Elsässer gehört zu den besten Önologen der Welt und war in den letzten zwölf Jahren im Champagnerhaus Bollinger für die Geschicke und Qualität zuständig. Das Resultat: Kaufmanns erste Sekte waren eine echte Sensation!

9,3 km | 14 Min ▸ Weinstraße 18–24, 67146 Deidesheim, Tel. 0 63 26/96 50 19. www.von-buhl.de. Öffnungszeiten: Mo.–Fr. 9 bis 12 und 13 bis 18 Uhr, Sa., So. und Feiertage 10 bis 12 und 13 bis 17 Uhr.

Die Weine ⓔ ⓔ

Die Rieslinge sind legendär! Knackig-frisch mit Aromen von Zitrusfrüchten ist die *Deidesheimer Mäushöhle*, einzigartig der berühmte *Pechstein*. Sie riechen regelrecht den dunklen Basalt, der den Boden durchzieht. Am Gaumen spüren Sie seine ganze Konzentration, gepaart mit großer Eleganz.

RESTAURANTS IM DEIDESHEIMER HOF ⓔⓔ UND ⓔⓔⓔ

Helmut Kohl ließ keine Gelegenheit aus, vom Saumagen im Deidesheimer Hof zu schwärmen; entsprechend viele prominente Gäste haben hier getafelt. Ich kann es gut nachvollziehen: Das Essen im wunderbaren gewachsenen Betrieb ist eine Reise wert. Zünftig geht es in der St. Urban Stube zu. Das Kanzlersüppchen, eine Rinderkraftbrühe mit Flädle und Sherry, stimmt Sie ein aufs Pfälzer Leibgericht: Saumagen, Bratwurst und Leberknödel mit Weinkraut und Kartoffelpüree. Hochdekoriert kocht Küchenchef Stefan Neugebauer im Restaurant Schwarzer Hahn. Er interpretiert Regionales so modern, wie Sie es zu Hause nie nachkochen könnten. Unbedingt müssen Sie sich von Restaurantleiter Andreas Weber beraten lassen: Er kann Ihnen zu jedem Gericht den passenden Wein auf den Punkt genau empfehlen. Zum Übernachten gibt es in dem historischen Haus elegante Zimmer und Suiten. *Hauptgerichte in St. Urban ab etwa 17 €, im Schwarzen Hahn ab 44 €.*

9,1 km | 14 Min Am Marktplatz 1, 67146 Deidesheim, Tel. 0 63 26/9 68 70. www.deidesheimerhof.de. Öffnungszeiten: St. Urban 12 bis 14 und 18 bis 21 Uhr. Schwarzer Hahn Mi.–Sa. ab 18 Uhr, Ruhetage: So. und Di.

HOTEL & RESTAURANT KETSCHAUER HOF ⓔⓔⓔ

2002 konnte der Unternehmer Achim Niederberger (siehe Text links) auch den Ketschauer Hof in sein Portfolio übernehmen. Der Kauf ging unmittelbar mit dem gegenüber gelegenen Weingut Geheimer Rat Dr. von Bassermann-Jordan einher. Aufwendigste Renovierungen wurden durchgeführt, 2009 folgte der Neubau eines luxuriösen Boutiquehotels. Die Zimmer und Suiten sind eine Augenweide und sehr elegant mit Designermöbeln ausgestattet. *Doppelzimmer mit Frühstück ab 230 €.*

9,2 km | 15 Min Ketschauerhofstraße 1, 67146 Deidesheim, Tel. 0 63 26/7 00 00. www.ketschauer-hof.com.

FÜR ENTDECKER >> *Das würde in dem romantischen Weinort wohl niemand vermuten: Gleich gegenüber des historischen Rathauses liegt das Deutsche Film- und Fototechnik-Museum, mit tausenden von Exponaten und interaktiven Modellen, die komplexe technische Zusammenhänge verständlich machen (www.dftm.de).* <<

A. Christmann

Riesling vom Präsidenten

Aus meiner Sicht kann man den VDP (Verband der Deutschen Prädikatsweingüter) gar nicht oft genug loben. Die 200 besten Winzer in Deutschland finden hier eine gemeinsame Plattform, und der Verband hat den deutschen Weinen in den letzten Jahren ein großartiges Renommee verschafft. Steffen Christmann, von Haus aus Jurist, lenkt die Geschicke des VDP wirklich perfekt. Gleiches lässt sich auch für sein eigenes Weingut sagen. Mit 70 Prozent nimmt der Riesling auf den rund 20 Hektar den Löwenanteil ein. Christmann spielt immer vorne mit, wenn es um die besten Rieslinge der Welt geht. Er will keine netten fruchtigen Weine erzeugen, er möchte, dass sie das Terroir widerspiegeln und Mineralität zeigen – und das gelingt ihm auch! Nur konsequent war daher seine Entscheidung, die Rebgärten nur noch biodynamisch zu bearbeiten.

6,9 km | 12 Min ▶ Peter-Koch-Straße 43, 67435 Gimmeldingen, Tel. 0 63 21/6 60 39. www.weingut-christmann.de. Öffnungszeiten: Mo.–Fr. 8 bis 12 und 13 und 18 Uhr, Sa. 10 bis 16 Uhr und nach Vereinbarung. Anmeldung erbeten.

Die Weine ⓔ ⓔ ⓔ

Großartig und unglaublich langlebig ist der *Idig Riesling Großes Gewächs*. Er hat so einen vielschichtigen Duft, erinnert an florale Aromen, etwa an Veilchen, dann kommen würzige Aromen, und er wird immer cremiger. Am Gaumen spüren Sie seine muskulöse Art, er besitzt Tiefe ohne Ende und bleibt floral im Nachhall. Mit mehr Frucht ist der *Reiterpfad Riesling Großes Gewächs* ausgestattet – er duftet wie reife Mangos, kraftvoll und sehr konzentriert, am Gaumen setzt sich dann mehr Pfirsich durch. Aber auch die Weiß-, Grau- und Spätburgunder können Sie in jeder Preisstufe kaufen – die Qualität ist immer konstant hoch.

RESTAURANT HAARDTER WINZER ⓔⓔ

Das wunderschöne Backsteingebäude (fast wie ein kleines Schlösschen) in Neustadt-Haardt ist eine Augenweide. Was für eine gute Idee, dass darin ein schmuckes, modernes Restaurant eingerichtet wurde. Seit 2011 liegt die Leitung in Händen der österreichischen Vollblutgastronomin Ulrike Paul. Deshalb finden Sie neben regionalen Gerichten auch immer wieder Leckereien mit österreichischen Wurzeln auf der Karte: Pongauer Spinatknödel etwa oder Topfenknödel mit Marilleneis. Wie der Name des Restaurants vermuten lässt, verfügt die Weinkarte über ein sehr gutes Sortiment regionaler Winzer. Wenn Sie gleich im Anwesen bleiben wollen: Es gibt schöne, nicht zu teure Ferienwohnungen. *Hauptgerichte ab etwa 11 €.*

6,1 km | 10 Min ❯ Mandelring 7, 67433 Neustadt, Tel. 0 63 21/9 37 57 50. www.haardter-winzer.de. Öffnungszeiten: Mi.–Sa. 12 bis 14 und ab 18 Uhr, So. und Feiertage 12 bis 15 und ab 18 Uhr. Ruhetage: Mo. und Di.

NETTS LANDHAUS UND RESTAURANT ⓔ

„Richtig nett", das wäre für die Netts zu tief gegriffen, „großes Erlebnis" trifft es eher. 2009 haben die sympathischen jungen Gastronomen Susanne und Daniel Nett ihr eigenes Restaurant mit Gästehaus eröffnet. Die Gastgeberin ist vielen aus dem Fernsehen bekannt, beispielsweise von „echt gut! Klink und Nett". Bei Netts essen Sie nicht nur wunderbar, Sie können sich auch in den unterschiedlich eingerichteten Zimmern richtig wohlfühlen. Sieben gibt es im Barock- und Sandsteinhaus, weitere zwölf in der zauberhaften Arndorff'schen Mühle. Ich empfehle Ihnen, Fahrräder mitzunehmen, dann können Sie durch die besten Weinlagen Deutschlands radeln und bekommen gleich wieder Appetit. *Doppelzimmer mit Frühstück 78 € (April bis Oktober), 68 € (übrige Monate).*

6,5 km | 11 Min ❯ Meerspinnstraße 46, 67435 Gimmeldingen, Tel. 0 63 21/6 01 75. www.nettsrestaurant.de.

....

FÜR ENTDECKER ❯❯ *Von den Höhen des Pfälzer Waldes grüßt das imposante Hambacher Schloss schon von Weitem. Auf dem Schlossberg fand 1832 das berühmte Hambacher Fest statt, ein frühes Manifest der Demokratiebewegung in Deutschland. Im Schloss ist das Ereignis für jüngere Besucher mit Playmobil-Figuren nachgestellt.* ❮❮

....

Weegmüller

Echte Pfälzer Temperamentsdamen

Hier herrscht im wahrsten Sinne des Wortes Frauenpower: Die temperamentvolle waschechte Pfälzerin Stefanie Weegmüller gehörte zu den ersten weiblichen Keller-

meistern Deutschlands. Was heute als selbstverständlich gilt, musste sie sich hart erkämpfen. Eine tolle Ergänzung im Verkauf ist ihre ebenfalls sehr, sehr nette Schwester Gabriele. Gerade konnten sie sich feiern lassen: 2014 gewannen sie den Riesling Cup der Zeitschrift Feinschmecker. Ihr Riesling „der Mineralische", ein als Kabinett ausgebauter Wein zu lediglich 8 €, ließ alle namhaften und wirklich hochpreisigen Rieslinge hinter sich. Aber mit ihren glasklaren, fruchtigen, Appetit machenden Weinen haben sich die Weegmüller-Ladys die Auszeichnung wirklich verdient!

6 km | 14 Min Mandelring 23, 67433 Neustadt an der Weinstraße, Tel. 0 63 21/8 37 72. www.weegmueller.de. Öffnungszeiten: Mo.–Fr. 8 bis 12.30 und 13.30 bis 17 Uhr, Sa. 9 bis 14 Uhr. Jeden 1. Samstag im Monat geschlossen.

Die Weine €

Unbedingt probieren müssen Sie die trocken ausgebaute *Scheurebe* (8 €) – ein lebendiger, rassiger Weißwein, der nach exotischen Früchten und Stachelbeeren duftet. So manchen Sauvignon Blanc lässt er im Vergleich blass aussehen. Kräuterig und frisch kommt Weegmüllers *Grüner Veltliner vom Balkon der Pfalz trocken* (11,50 €) daher, eine Weißweinsorte, die Sie sonst überwiegend in Österreich antreffen. Zu meinen großen Lieblingen gehört der trocken ausgebaute *Gewürztraminer aus alten Reben*. Er duftet wie eine ganze Rosenhecke und nach Gewürzen von Muskatnuss über Kardamom bis hin zu Litschis – ein grandioser Begleiter zu Käse.

RESTAURANT URGESTEIN ©©©
UND STEINHÄUSER HOF ©

Ein kleines Refugium, das mit Ambiente, Speisen, erstklassigen Weinen und guter Musik alle Sinne anspricht, haben sich Hedi Scheuren und Hanno Rink geschaffen. Schauen Sie sich einfach ihren Film auf der Webseite des Restaurants an – Ihnen wird das Wasser im Mund zusammenlaufen, und ich wette, Sie greifen sofort zu Ihrem Telefon! Mit dem jungen, unglaublich kreativen und aufgeschlossenen Benjamin Pfeier in der Küche und Tanel Idil im Service wird der Besuch zu einem echten Highlight. Neben dem Überraschungsmenü Urvertrauen oder dem edlen Menü Meilenstein gibt es auch das vegetarische Menü Grundstein mit Gerichten wie Pfälzer Karotte in verschiedenen Zubereitungen, Kaviar des Feldes und Geeister Meerrettich, Glasierte Sellerieravioli mit Parmesan, Haselnuss und brauner Butter. Das Urgestein wäre für mich ein Argument dafür, dass der berühmte Michelin-Führer neue Kategorien einführt und bei seinen Sternen zwischen den Kategorien „Kreativ" und „Klassisch" unterscheidet. Das Urgestein ist Herzstück eines historischen, mitten in Neustadt gelegenen Gebäudeensembles, des Steinhäuser Hofs. Dieser teilt sich in mehrere Fachwerkhäuser, dessen ältester Teil, ein gotisches Giebelhaus, auf das Jahr 1276 zurückgeht. Im Ensemble ist auch ein Hotel untergebracht, mit klassisch eingerichteten und viel warmem Holz ausgestatteten (nicht zu teuren) Zimmern. Die Lage ist ideal: zentral und trotzdem ruhig.
4-Gänge-Menü ab 85 €. Doppelzimmer ab etwa 80 €, plus Frühstück 8,50 €/Person.

5,7 km | 11 Min Rathausstraße 6a, 67433 Neustadt an der Weinstraße, Tel. 0 63 21/48 90 60. www.restaurant-urgestein.de. Öffnungszeiten: Di.–Sa. 18.30 bis 23 Uhr. Ruhetage: So. und Mo. Kontakt Hotel: www.steinhaeuserhof.de.

FÜR ENTDECKER >> *Die Confiserie Sixt in der Hauptstraße gehört schon seit 100 Jahren zu den besten Adressen der Republik. Kult sind die einzigartigen Hochzeitstorten. Aber auch Kuchen, Petit Fours, Pralinen oder Baumkuchen werden mit viel Liebe hergestellt. Probieren Sie doch einmal die Feigentorte: ein dünner Biskuitboden, auf dem sich zarte Schoko-Mousse, süße Feigenpaste und luftige Sahne türmen. Übrigens bietet die Familie Sixt zudem eine reiche Auswahl an Süßem für Diabetiker und Allergiker an. Beliebt ist auch der Mittagstisch, beispielsweise Kartoffelpuffer mit Lachs oder Kalbsbratwurst mit Kartoffelsalat.* <<

Weingut Faubel

Ein Weingut zum Urlaub machen

Das wirklich große Plus in der Pfalz ist die schier unerschöpfliche Auswahl an exzellenten Weingütern. Zu meinen Lieblingen zählt seit vielen Jahren Familie Faubel, die früher ihre Weine noch unter dem Label „Ullrichshof" vermarktet hat. Schon immer galt die Begeisterung der Faubels dem Weinbau – das Weingut ist seit dem 17. Jahrhundert in Familienbesitz. Die Basis für ihre außergewöhnlichen Weine liegt zum einen natürlich im über Generationen gewachsenen Wissen, zum anderen aber auch in der Tiefgründigkeit der Böden und den sonnenverwöhnten Lagen. Seit 1998 kümmern sich Silke und Gerd Faubel um die Geschicke des wunderschönen Guts. Das alte, denkmalgeschützte Haupthaus wirkt fast wie ein Schlösschen. Die Remise wurde im Jahr 1904 erbaut. Besonders eindrucksvoll ist auch ihr 100 Jahre alter Gingkobaum. In modern und stilvoll eingerichteten Gästezimmern, die nach den Lagen des Weinguts benannt sind, können Sie entspannt nächtigen. Die Zimmer sind im historischen Gutshaus untergebracht, gleich über den Hallen, in denen der Wein lagert. Auf keinen Fall dürfen Sie es versäumen, Weine einzukaufen.

2,9 km | 5 Min ▸ Marktstraße 86, 67487 Maikammer, Tel. 0 63 21/50 48. www.weingut-faubel.de. Öffnungszeiten: Mo.–Fr. 10 bis 18 Uhr, Sa. 10 bis 16 Uhr. Ruhetage: So. und Feiertage. Gruppen ab fünf Personen bitte anmelden.

Die Weine (€) (€)

Ich weiß gar nicht, wo ich anfangen soll zu schwärmen – bei den fruchtbetonten Rieslingen, den eleganten Weißburgundern, den Chardonnays oder den warmen, runden, opulent ausgestatteten Spätburgundern? Und ich traue mich kaum, es zu sagen: Im Verhältnis zur Qualität sind die Preise sehr volkstümlich!

RESTAURANT UND PENSION BERGEL €€

Haben Sie erst einmal ein Wochenende in der Pfalz verbracht, bin ich sicher, dass Sie wiederkommen werden. Nach der Weinprobe im Weingut Faubel nehmen Sie am besten noch eine Stärkung im Restaurant Bergel. Zünftig sitzen Sie im Gasthaus bei köstlichem Carpaccio vom Spargelsaumagen oder Brust vom Winnweiler Land-gockel am Rosmarinspieß. Heike und Peter Heck umsorgen Sie aufs Freundlichste. Sie können auch über Nacht bleiben: Sehr beliebt ist die Ferienwohnung über den Dächern von St. Martin. In der Saison rechtzeitig reservieren! *Hauptgerichte ab 13 €.*

5,6 km | 8 Min ▶ Talstraße 5, 67487 St. Martin. www.haus–bergel.de. Restaurant Tel. 0 63 23/98 82 15. Öffnungszeiten: Mo., Mi.–Fr. 17.30 bis 22 Uhr, Sa., So. und Feiertage 11.30 bis 14 und 17.30 bis 21 Uhr (warme Küche). Ruhetag: Di. Pension Tel. 0 63 23/41 22.

STRAUSSWIRTSCHAFT IM ALOISIUSHOF €€

Ein Erlebnis ist es, in der Straußwirtschaft vom Aloisiushof einzukehren (kultig sind die hausgemachten Dampfnudeln am Freitag) und anschließend gleich in einer der drei Ferienwohnungen zu übernachten. Während sich das Gut zu einem dynami-schen Wein- und Sekthaus entwickelt hat, scheint in dem zauberhaften Ort St. Mar-tin die Zeit stillzustehen. Halten Sie nach Catharina von Cronberg Ausschau (deren steinernes Antlitz in der Kirche St. Martins zu bewundern ist): Die historische Figur geleitet Sie „zwischen Dämmerung und Traum" durch St. Martin – eine eindrucks-volle Führung! *Hauptgerichte bis etwa 15 €; Ferienwohnung etwa 55 €.*

5,4 km | 8 Min ▶ Mühlstraße 2, 67487 St. Martin, Tel. 0 63 23/20 99. www.aloisiushof.de. Öffnungszeiten Straußwirtschaft: Mai und September bis Mitte November 11 bis 18 Uhr.

FÜR ENTDECKER >> *Ein ganz besonderes Erlebnis ist eine Essigprobe im Weinessiggut Doktorenhof, das in Venningen auf der anderen Seite der Autobahn liegt. Sie bekommen dazu einen großen Umhang umgelegt und verkosten handwerklich hergestellte Aperitif- und Digestif-Essige sowie mit Essig zubereitete Leckereien. Und natürlich gibt's im Hofladen besondere Marmeladen, Essigpralinen und vieles mehr (www.doktorenhof.de).* <<

Münzberg

Burgunderweine vom Feinsten

Erst kürzlich hatte ich Gelegenheit, einen gereiften Weißburgunder und einen Chardonnay von Münzberg mit sechs Jahren Reifung zu verkosten – sie wirkten noch richtig jung! Für mich persönlich ist diese Langlebigkeit ein Zeichen für große Güte und Potenzial. Gunter Keßler setzt auch wirklich jeden Hebel in Bewegung, um die Qualität seiner Weine weiter zu steigern. So gehört das Weingut Münzberg zu jenen „Fünf Freunden", die vor 20 Jahren gemeinsam als Pioniere den Weinbau in Deutschland revolutioniert haben. Die fünf Weingüter schlossen sich damals zusammen, um ihre Weine gemeinsam zu probieren, beziehungsweise auch zu kritisieren, sowie wertvolle Erkenntnisse auszutauschen. Bis heute machen sie jedes Jahr eine Studienfahrt. Die kollektiven Erfahrungen haben alle enorm weitergebracht und waren wegweisend – gemeinsam ist man eben stark! Damit Sie die Weine in angenehmer Atmosphäre und aller Ruhe verkosten können, haben Keßlers ihren Aussiedlerhof so umgebaut, dass es einen stilvollen Kundenbereich und den Arbeitsbereich gibt.

6,7 km | 9 Min Böchinger Straße 51, 76829 Landau (Godramstein/Pfalz), Tel. 0 63 41/6 09 35. www.weingut-muenzberg.de. Öffnungszeiten: Mo.–Fr. 8 bis 12 und 14 bis 18 Uhr, Sa. 9 bis 16 Uhr. Ruhetage: So. und Feiertage.

Die Weine € €

Selten habe ich einen so eleganten und floralen Weißburgunder wie den *Schlangenpfiff Großes Gewächs* getrunken. Schon im Duft spüren Sie den Kalkmergelboden, und der Wein riecht wie ein Strauß weißer Lilien. Nach und nach gesellt sich immer mehr Fruchtschmelz hinzu. Am Gaumen schmecken Sie seine fruchtige Art, an Aprikosen und Maracuja erinnernd, aber vor allem auch seine Mineralität. Empfehlenswert sind auch die sehr feinen Spätburgunder.

WEINSTUBE BRAND Ⓔ Ⓔ

Die wahrlich geniale Weinstube hat nur ein Problem: Sie erfreut sich großer Beliebtheit, weshalb Sie unbedingt reservieren sollten. Das lohnt sich: Eva-Maria und Christian Knefler haben in den besten Häusern ihr Handwerk erlernt. Entsprechend ist die Mischung aus Tradition – die Weinstube ist ausgestattet mit Sandsteinwand, Holzdeckenbalken, einfachen Holztischen – und Moderne gut gelungen. Letzteres bezieht sich vor allem auf die feine Küche von Christian Knefler. Gefüllter Ziegenfrischkäse mit Pinienwalnusskruste, geschmorte Ochsenschulter mit Weinbergpfirsich oder Barbarie-Entenbrust mit asiatischem Gemüse und Couscous – alles ist ein bisschen außergewöhnlich zubereitet. Sobald das Wetter mitspielt, können Sie auch im Innenhof speisen. Und natürlich müssen Sie sich einen der Pfälzer Spitzenweine von Eva-Maria empfehlen lassen. *Hauptgerichte ab 11 €.*

7,9 km | 12 Min ▶ Weinstraße 19, 76833 Frankweiler, Tel. 0 63 45/95 94 90. Öffnungszeiten: Di. 17 bis 22 Uhr, Mi.–Sa. 12 bis 14 und 18 bis 22 Uhr. Ruhetage: So. und Mo.

SONNENHOF SIEBELDINGEN Ⓔ

Gönnen Sie sich doch eine Auszeit in dem schön gelegenen, frei stehenden Jugendstil-Gutshaus. Es ist aus Ziegelsteinen erbaut und verströmt ein sehr heimeliges Flair. Mit zehn Doppel- und vier Einzelzimmern ist es überschaubar groß und eher familiär. Die Zimmer sind sonnig und hell ausgestattet. Traumhaft ist es, auf der Terrasse zu sitzen – am besten natürlich mit einem Glas gutem Wein. *Doppelzimmer mit Frühstück ab etwa 85 €.*

8 km | 8 Min ▶ Mühlweg 2, 76833 Siebeldingen, Tel. 0 63 45/33 11. www.sonnenhof-siebeldingen.de.

FÜR ENTDECKER >> *Es gibt nur wenige Weinhändler, die so viel von Wein verstehen wie Stefan Dorst. Er führt seit über 15 Jahren sein nettes Geschäft am Kleinen Platz in Landau, ist zudem Kellermeister, berät Weingüter rund um den Erdball und hat auch eine eigene Weinlinie – Dorst & Consorten (www.weinhandlung-am-kleinen-platz.de).* <<

Weingut Kranz

Grandiose Qualität von der „Südpfalz Connexion"

Wenn Freunde mich derzeit nach meinen persönlichen Weinfavoriten fragen, ist ganz sicherlich Boris Kranz dabei. Der akribisch arbeitende Winzer kehrte 1990 ins

elterliche Weingut zurück und übernahm damals auch gleich den Ausbau der Weine. Mit fünf befreundeten, ähnlich ambitionierten Winzern gründete er die „Südpfalz Connexion". Alle fünf haben sie mittlerweile ihre Weine unter die Top Ten einreihen können. Wenn Sie also auf Weine von Siener, Gies-Düppel, Leiner oder Scheu stoßen, greifen Sie unbedingt zu. Boris Kranz wurde ursprünglich vom Verband der Deutschen Prädikatsweingü-

ter – Junge Talente gefördert, bis er 2012 selbst in den Verband aufgenommen wurde. Aktuell stellt Kranz auf biologischen Weinbau um. Richtig faszinierend finde ich, dass die gesamte Familie bei dem großen Erfolg so bodenständig, offen und freundlich geblieben ist. Kerstin Kranz gebührt das gleiche Verdienst wie ihrem Mann, und dazu haben sie noch drei wunderbare Kinder.

8,6 km | 10 Min Mörzheimer Straße 2, 76831 Ilbesheim/Pfalz, Tel. 0 63 41/ 93 92 06. www.weingut-kranz.de. Öffnungszeiten: Mo.–Mi. 8 bis 12 Uhr, Do. und Fr. 8 bis 12 und 14 bis 18 Uhr, Sa. 9 bis 16 Uhr. Und nach Vereinbarung.

Die Weine

Viele Jahre schon setzt sich das Ehepaar Kranz ganz besonders für den Weißburgunder ein. Schon der „normale" *Weißer Burgunder* (7,70 €) zeigt so viele Facetten – von frischer Frucht über Sandelholz hin zu Gewürzen. Am Gaumen ist er saftig, klar, ausdrucksvoll und absolut elegant. Und der *Ilbesheimer Kalmit Riesling Großes Gewächs* (28 €) gehört für mich gerade zu den besten Rieslingen weit und breit.

GASTHAUS FÜNF BÄUERLEIN Ⓔ

In der Innenstadt von Landau gab es schon lange den traditionellen Treffpunkt im Bäuerlein. 2002 übernahmen fünf erfolgreiche Winzer, die „Fünf Freunde", das Gasthaus gemeinsam. Ihre Weine – Ökonomierat Rebholz, Dr. Wehrheim, Becker, Münzberg und Siegrist – sind wirklich die Crème de la crème! Schon deshalb lohnt sich ein Besuch. Doch auch andere berühmte Winzer stehen auf der Weinkarte. Mit Gundula Grosse und Thomas Riemer haben die Fünf die perfekten Gastgeber gefunden. Bestimmt haben Sie Riemer schon im RTL-Frühstücksfernsehen kochen sehen. Neben Weinbergschnecken, Sauerkrautsuppe mit Blutwurst, Fischsuppe oder Kotelett vom Iberico-Schwein gibt es immer auch ein Tagesgericht. *Hauptgerichte ab etwa 12 €.*

5,6 km | 10 Min ▸ Theaterstraße 2, 76829 Landau/Pfalz, 0 63 41/2 07 46. www.fuenf-winzer.de. Öffnungszeiten: Mo. ab 17 Uhr, Di.–Fr. 11.30 bis 14.30 und ab 17 Uhr, Sa. 10.30 bis 15 Uhr. Ruhetag: So.

SCHWAHN EXKLUSIVE GÄSTEZIMMER Ⓔ

Wenn Sie touristische Tipps benötigen, sind Sie bei Schwahn goldrichtig. Ob Südpfalz oder St. Petersburg – Peter Schwahn organisiert passende Pauschalreisen. Aber empfehlen will ich Ihnen natürlich seine beiden Zimmer zum Übernachten. Die sind sehr praktisch in einem Jugendstilhaus in der Innenstadt von Landau gelegen. Mit hohem Aufwand und Liebe zum Detail wurden die Zimmer renoviert, wirken aber nicht überladen, sondern frisch und ansprechend. Die Bäder sind modern, alles wirkt sehr angenehm. *Doppelzimmer ab 80 €, plus Frühstück 9 €/Person.*

5,5 km | 9 Min ▸ Ostring 1a, 76829 Landau/Pfalz, Tel. 0 63 41/99 58 67. www-übernachtung-landau.de.

FÜR ENTDECKER ›› *Der Star-Designer Michael Michalsky hat für die Südliche Weinstraße ein wahres Meisterwerk vollbracht und das denkmalgeschützte alte Kasernengebäude an der Georg-Friedrich-Dentzel-Straße in Landau zur Vinothek „Par Terre" umgestaltet. Ich hätte es mir gar nicht träumen lassen, dass sich Architektur und Wein so gut verbinden lassen. 55 Winzer der Region präsentieren hier ihre Weine. Die hervorragende Beratung garantiert Geschäftsführerin und Winzerin Christine Ludt.* ‹‹

Franken, Saale~Unstrut & Sachsen

A 3

A 7

A 143

A 9

A 4

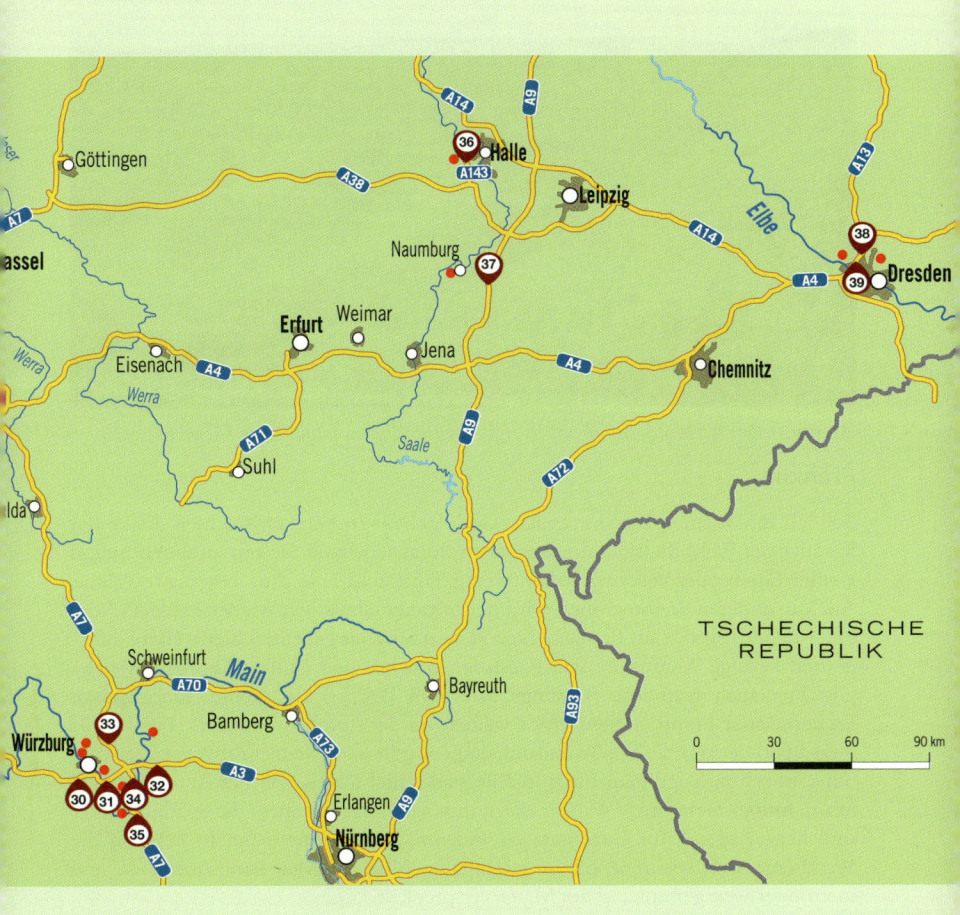

Verkannte Highlights

An den steilen Ufern des Mains wachsen die weltberühmten fränkischen Silvaner.

Franken

Soll ich Ihnen einen Tipp aus tiefster Seele geben? In Franken wachsen die besten Silvaner der Welt! Sie sind ausgesprochen floral – denken Sie nur an einen Strauß weißer Lilien oder Veilchen, haben wenig Säure und eine ganz besondere Würze. Auch in anderen Weinregionen wird der Silvaner allmählich wieder entdeckt, Vorbild ist natürlich der aus Franken. Neben dem Silvaner gedeihen hier weitere duftige und kernige Weißweine wie Rieslaner, Bacchus und Müller-Thurgau. Aber es gibt hier auch grandiose Rieslinge, wie zum Beispiel aus meiner Lieblingslage Escherndorfer Lump – leider etwas weiter von der Autobahn entfernt. Franken ist zwar überwiegend ein Weißweinland, doch es gibt auch Spitzenrotweine. Der Vorreiter ist schon lange Paul Fürst in Bürgstadt (auch etwas von der Autobahn entfernt). Immer mehr junge Winzer eifern ihm nach, und vor allem die Spätburgunder sind hervorragend. Im Gegensatz zu anderen Weinregionen sind in Franken die Weinberge weit verstreut, oft in geschützten Nischen. Man kann sagen, sie sind mehr oder weniger entlang des Mains versprenkelt.

Mein Tipp: Kaufen Sie unbedingt in einer der alteingesessenen Metzgereien ein paar fränkische Spezialitäten. Diese Handwerksbetriebe sind oft noch so richtig original, man meint, dort sei die Zeit stehengeblieben.

Saale-Unstrut

Die kleine, aber imposante Weinregion Saale-Unstrut ist von steilen Rebhängen an der Saale gekennzeichnet. Hingucker in der Landschaft sind die einzigartigen Weinberghäuschen. Leider, leider sind die meisten Güter nicht in Autobahnnähe gelegen. Dabei wachsen dort so hervorragende Weine. Die Silvaner können mit denen aus Franken mithalten, und die Burgunder – Weiß-, Grau-, Spätburgunder und Chardonnay – fallen unvergleichlich elegant aus. Super fruchtig und saftig ist der Blaue Zweigelt. Insgesamt haben

Die Weinberghäuschen sind typisch für die Reblandschaft in Saale-Unstrut.

die Weine nicht so viel Alkohol, dafür reichlich Extrakte. Einziger Nachteil: Es gibt in Saale-Unstrut so wenig Wein, dass er nur selten über die Grenzen hinauskommt.

Sachsen

Rund um Dresden finden Sie ganz hervorragende Weine. Kein Wunder, Sachsen kann auf 850 Jahre Weinbautradition zurückblicken. Ich muss gestehen, ich hatte die Weine lange unterschätzt. Doch vor allem die Weißweine sind grandios. In dem nördlichen Klima haben die Trauben eine längere Reifezeit, die für ein unglaubliches Aromenspektrum sorgt. Die Weißburgunder lassen sich weltweit kaum toppen. Exzellent sind natürlich auch die Rieslinge, Grauburgunder und aromatische Sorten wie Bacchus, Müller-Thurgau oder Scheurebe. Letztere sind jedoch weder süß noch aufdringlich, eher faszinierend mit ihrer duftigen Art. Im Rotweinbereich gibt es sehr gute Früh- und Spätburgunder und, mein Liebling, Blaufränkisch. Einen Wermutstropfen kann ich Ihnen nicht ersparen: Es gibt eine Reihe beeindruckender Weingüter, die leider nicht in Autobahnnähe liegen, etwa Schloss Proschwitz vom Prinz zur Lippe in Zadel bei Meißen.

Weinbau hat in Sachsen jahrhundertlange Tradition.

Juliusspital

Ein Rundum-Erlebnis

Das Juliusspital ist nicht nur eins der besten Weingüter Frankens, es ist auch beliebter Treffpunkt dank seiner gemütlichen, rustikalen Weinstube mit sehr guter Küche. Ein

richtiges Erlebnis ist für mich die Vinothek Weineck Julius Echter (Koellikerstraße, nur ein paar Schritte weiter), weil man sich dort morgens ab halb zehn trifft, um einen Schoppen zu trinken. Hier können Sie eine richtig große Auswahl Weine probieren und einkaufen. Sehr beeindruckend im Juliusspital ist die historische Rokoko-Apotheke – mein Sohn war vor allem vom Giftschrank fasziniert! In diesem Zusammenhang muss ich erzählen, dass zum Juliusspital ein Seniorenstift, Krankenhaus, Hospizzentrum und noch vieles mehr gehört. 1576 wurde dieses Ensemble von dem weitgereisten und sprachgewandten Fürstbischof Julius Echter als Stiftung gegründet. Es ist wirklich großartig, dass fast 440 Jahre später immer noch alles funktioniert. Mit 70 Hektar Rebfläche ist das Juliusspital heute der größte Silvanerproduzent der Welt.

6,7 km | 12 Min Klinikstraße 1, Würzburg, Tel. 09 31/3 93 14 00. www.juliusspital.de/weingut. Öffnungszeiten Weineck Julius Echter (Koelliker-straße 1a): Mo.–Fr. 9.30 bis 18.30 Uhr, Sa. 9 bis 16 Uhr. Ruhetag: So.

Die Weine Ⓔ Ⓔ Ⓔ

Die Krönung sind natürlich die Großen Gewächse – langlebige Weine, die mit ihrer kraftvollen Art als Essensbegleiter gedacht sind. Der berühmte *Würzburger Stein* beispielsweise zeigt einen wunderbar reichen Duft, an frische Kräuter und Veilchen erinnernd. Am Gaumen merken Sie seine trockene und markante Art – und er bleibt ewig lang im Nachhall.

WEINSTUBEN JULIUSSPITAL ⓔⓔ

Es ist schon ein Klassiker, in den Weinstuben des Juliusspitals zu essen. Schon seit 2001 umsorgen Frank Kulinna und seine Ehefrau Edith ihre Gäste, unter anderem mit hervorragenden Fischgerichten und sehr gutem Wild. Wer sollte es besser machen? Frank Kulinna geht an freien Tagen zur Jagd, und wenn er ein bissel mehr Zeit hat, auch zum Angeln oder gar zum Hochseefischen. Die Weinkarte umfasst die besten Tropfen aus dem Juliusspital. Aber die Franken kommen auch gerne, um einfach einen Schoppen Silvaner zu trinken. Herrlich ist ein Sommerabend im Weinstubenhof mit Silvaner-Mostsuppe, Zimtkrusteln oder einer Würzburger Weinbergsvesper – mit fränkischem „Gerupften" (einer würzigen Käsecreme), Leberwurst, Presssack und Juliusspital-Bauernbrot. *Hauptgerichte ab etwa 14 €.*

6,4 km | 12 Min Juliuspromenade 19, Ecke Barbarossaplatz, 97070 Würzburg, Tel. 09 31/5 40 80. www.weinstuben-juliusspital.de.
Öffnungszeiten: täglich 10 bis 24 Uhr.

HOTEL BEST WESTERN REBSTOCK ⓔⓔⓔ

Mitten im Zentrum liegt das beliebte und geschätzte Hotel Best Western Rebstock mit seiner schönen, denkmalgeschützten Rokokofassade. Innen jedoch ist es geschmackvoll modern ausgestattet, und die 72 Zimmer werden immer wieder neu gestaltet. Daran könnten sich viele Hotels ein Beispiel nehmen. Zu den Highlights zählt unbedingt auch ein Besuch des ebenfalls in dem historischen Anwesen untergebrachten Sternerestaurants KUNO 1408 (benannt nach Kuno vom Rebstock, der laut einer Urkunde aus dem Jahr 1408 der erste Besitzer des Hofs vom Rebstock war). *Doppelzimmer mit Frühstück ab etwa 170 €, plus Frühstück 15 €/Person.*

4 km | 13 Min Neubaustraße 7, 97070 Würzburg, Tel. 09 31/3 09 30.
www.rebstock.de.

FÜR ENTDECKER >> *Immer wenn ich in Würzburg bin, und auch nur ein Stündchen erübrigen kann, mache ich einen Abstecher zur Residenz. Das herrliche Treppenhaus von Balthasar Neumann mit dem Tiepolo-Fresko – das größte ohne Unterteilungen gemalte Deckenfresko der Welt – kann ich gar nicht oft genug sehen.* <<

Schmitt's Kinder

Gemeinsam sind sie stark

Sie haben schon so ein nettes Etikett – eine Zeichnung mit springenden Kindern. Und ihr Randersacker Pfülben oder ihr Randersacker Sonnenstuhl gehören zu den besten und berühmtesten Lagen in ganz Franken. Die Landschaft entlang des Mains ist im Erdzeitalter Trias vor 260 Millionen Jahren entstanden. In Randersacker bildet der mittlere und obere Muschelkalk die Bodengrundlage. Dieses Terroir in ihren Weinen besonders intensiv herauszuarbeiten, ist das Ziel der fünf TRIAS-Winzer, mit denen Schmitt's Kinder im Verbund sind. Weinliebhaber geraten vor allem über deren tolle Silvaner, Rieslinge und Spätburgunder ins Schwärmen. Ich weiß, dass viele den deutschen Rotweinen skeptisch gegenüberstehen, aber Spätburgunder von Schmitt's Kinder gehört Jahr für Jahr zu den elegantesten! Der Name des Guts geht darauf zurück, dass der seit 1712 bestehende Betrieb 1910 nicht unter den Erben aufgeteilt, sondern gemeinsam bewirtschaftet wurde. Heute arbeiten sie generationenübergreifend: Karl und Renate Marie Schmitt zusammen mit Sohn Martin Johannes.

6,7 km | 8 Min ▶ Am Sonnenstuhl 45, 97236 Randersacker, Tel. 09 31/7 05 91 97. www.schmitts-kinder.de. Öffnungszeiten Weinverkauf: Mo.–Fr. 8 bis 18 Uhr, Sa. 9 bis 17 Uhr und nach telefonischer Vereinbarung.

Die Weine ⓔ ⓔ

Für den Einstieg kann ich Ihnen den *Randersacker Sonnenstuhl Spätburgunder Rotwein Erste Lage* empfehlen. Das Große Gewächs aus der gleichnamigen Lage kann es mit einigen Grand Crus aus dem Burgund locker aufnehmen. Vielleicht suchen Sie ja noch einen passenden Wein für einen besonderen Anlass?

RESTAURANT ALTE MAINMÜHLE €€€

Die Alte Mainmühle lohnt immer einen Besuch! Wenn Sie dann noch an einem warmen Sommerabend hierherkommen, wird es sicherlich zu einem unvergesslichen Erlebnis. Die alte Mühle vermittelt mit ihren heimeligen Räumen, die mit viel hellem Holz ausgestattet sind, ein ganz besonderes Flair – und liegt auch noch direkt am Main. Hier treffen sich Jung und Alt, es ist immer viel los, und die Grillküche ist weithin bekannt. Die nach altfränkischer Rezeptur von ihrem Metzgermeister Karl hergestellte Mühlenbratwurst müssen Sie unbedingt probieren! Lecker ist auch die Silvanersuppe mit Brotkrusteln oder das Geschmorte Schweineschäufele in Dunkelbiersoße mit Rahmwirsing und hausgemachten Serviettenknödeln. *Hauptgerichte ab etwa 20 €.*

9,2 km | 12 Min Mainkai 1, 97070 Würzburg, Tel. 09 31/1 67 77. www.alte-mainmuehle.de. Öffnungszeiten: Mo.–So. 9.30 bis 24 Uhr, Frühstück bis 11 Uhr (warme Küche 11 bis 22.30 Uhr).

WEINFORUM FRANKEN HOTEL MIT VINOTHEK €

Mitten in der historischen Altstadt von Eibelstadt liegt das sympathische Designhotel. Die 15 Zimmer sind ganz individuell eingerichtet, in einigen konnte sogar der schöne alte Holzdielenboden restauriert werden. Wie der Name schon vermuten lässt, liegt der Schwerpunkt des Hauses auf den fränkischen Weinen. Eine tolle Beratung zu 19 verschiedenen Weingütern bekommen Sie täglich ab 11.30 Uhr in der Vinothek oder im gemütlich-modernen Restaurant. Küchenchef André Hofmann ist vor allem sehr stolz auf seine mit viel Liebe selbst gezogenen Kräuter. Sehr beliebt ist das Schnitzel vom Schwäbisch-Hällischen Landschwein. Oder Sie wählen ein saisonales 3- oder 4-Gänge-Menü. *Doppelzimmer mit Frühstück ab 94 €.*

3 km | 5 Min Hauptstraße 37, 97246 Eibelstadt, Tel. 0 93 03/9 84 50 90. www.weinforum-franken.de.

FÜR ENTDECKER >> *In der Würzburger Gegend kommt man um Balthasar Neumann, den berühmten Barock-Architekten, nicht herum. Sein kleinstes erhaltenes Bauwerk steht in Randersacker: ein entzückender Gartenpavillon mit hohen Fenstern und geschwungenem Dach.* <<

Glaser ~ Himmelstoss

Die Balance zwischen Mineralität und Frucht ist ihre Leidenschaft

Seit einigen Jahren steht das Weingut Glas-Himmelstoss für unglaublich klare, regelrecht saftige Weißweine. Monika und Wolfgang Glaser haben ihre ganz eigene Sti-

listik: markante, mineralische Weine, die mit Frucht und Tiefe ausgestattet sind, sich aber dennoch herzhaft und lebendig präsentieren. Neben ihrer Königsklasse Silvaner haben sie auch außergewöhnlich gute Müller-Thurgau-Weine für jede Gelegenheit. Durch die Vereinigung der Weingüter Glaser und Himmelstoss haben sie ihren Keller um eine moderne Vinothek in Nordheim sowie ein zauberhaftes Gästehaus mit Restaurant und einer

Vinothek im historischen Kern von Dettelbach erweitert. Im Restaurant Himmelstoss bieten Monika und Wolfgang Glaser feine fränkische Küche an. Sehr weitsichtig finde ich, dass nicht nur eigene Weine auf der Karte stehen, sondern auch Ausgesuchtes aus verschiedenen Regionen Deutschlands, Frankreichs und Österreichs.

12,5 km | 12 Min Langgasse 7, 97334 Nordheim, Tel. 0 93 81/46 02. www.weingut-glaser-himmelstoss.de. Öffnungszeiten: Mo.–Sa. 9 bis 18 Uhr, So. und Feiertage 14 bis 17 Uhr.

Die Weine ⓔ ⓔ

Unbedingt probieren sollten Sie den *Nordheimer Vögelein Silvaner Kabinett trocken* (8 €) – sehr floral, wirklich glasklar und mit toller Würze. Ein außergewöhnlicher Wein ist auch der *Nordheimer Vögelein Scheurebe Kabinett trocken* (8 €). Er duftet schon so aromatisch, und ist nicht nur nett, sondern auch sehr charaktervoll. Zum Essen ein Hammer: der *Dettelbacher Grauburgunder Rebell Barrique trocken* (16,50 €) – kraftvoll, zupackend und mit feinsten Röstaromen.

GASTHOF ZUM SCHWAN ⓔ ⓔ

Es sei eines der bedeutendsten und außergewöhnlichsten Gasthäuser Frankens, sagt das Bayerische Landesamt für Denkmalpflege. Tatsächlich hat es Klaus Münch mit seiner Familie geschafft, das wunderschöne Traditionshaus im alten Stil zu renovieren und dabei moderne Aspekte einfließen zu lassen. Die historischen Gasträume versprühen eine Heimeligkeit und Wärme, die Sie vielleicht als Kind bei der Großmutter verspürt haben. Die Wirtsfamilie hat es sich auf die Fahne geschrieben, die Gäste mit regionaler Küche und ausgewählten Produkten zu bedienen, am liebsten aus eigenem Anbau. Die Saiblinge und Karpfen kommen aus dem eigenen Frischfischbecken und werden auf Rebenholz geräuchert. Probieren Sie auch die fränkische Spezialität, das ofenfrische, knusprige Schweineschäufele. Vielleicht bleiben Sie auch über Nacht in einem der liebevoll gestalteten Zimmer. Ob mit reich verzierten Stuckdecken oder lieber unter schrägen Holzbalken – Sie können entscheiden, wo Sie die himmlischsten Träume haben! *Hauptgerichte ab etwa 14 €.*

7,3 km | 8 Min ▶ Hauptstraße 10, 97334 Sommerach. Tel. 0 93 81/84 76 84. www.schwan-sommerach.de. Öffnungszeiten: Mo.–So. 11 bis 22 Uhr.

ROMANTIKHOTEL ZUR SCHWANE ⓔ ⓔ ⓔ

In diesem Romantikhotel fühlt sich jeder wohl. Sie können zwischen historischen oder moderner gestalteten Zimmern wählen. Gleiches gilt auch für das hervorragende Restaurant – Sie können typisch fränkisch essen oder das Degustationsmenü probieren. Der Clou: Jeder Gang wird von einem besonderen Wein aus dem eigenen Weingut begleitet. *Doppelzimmer mit Frühstück ab 160 €*

10,5 km | 8 Min ▶ Hauptstraße 12, 97332 Volkach, Tel. 0 93 81/8 06 60. www.schwane.de

---

FÜR ENTDECKER >> *Die Benediktinerabtei Münsterschwarzach blickt auf 1200 Jahre Geschichte zurück: Das Kloster wurde 780 durch die dritte Ehefrau Karls des Großen gegründet; heute leben 125 Mönche hier. Zu den Klosterbetrieben gehören Bäckerei, Metzgerei, Landwirtschaft und Kunsthandwerk wie Goldschmiede und auch eine Druckerei. Die lohnende Besichtigung dauert eine gute Stunde.* <<

Weingut am Stein

Mitten in den Reben gelegen

Die berühmte Lage Würzburger Stein ist Kult, denn sie liegt mitten in Würzburg. Eingebettet in die Rebgärten befindet sich das in vielfacher Art und Weise beein-

druckende Weingut der Knolls. 1990 übernahm Ludwig mit seiner Frau Sandra den elterlichen Betrieb. In den Jahren darauf folgte das WeinWerk – ein architektonisches Meisterwerk. In dem mit Holzstreben verkleideten Kubus aus Glas und Beton können Sie Knolls Spitzenweine verkosten und kaufen. Die Familie bearbeitet ihre Weinberge biodynamisch und ist bestrebt, die unterschiedlichen Eigenschaften der Lagen zu kultivieren. Entsprechend gibt es verschiedene Weinserien, wie Frank & Frei oder Junge Wilde – Unkompliziertes für jeden Tag. Die Terroir-Linie hingegen spiegelt die unterschiedlichen Böden wider. Knolls neuestes Projekt ist der ganz nach biodynamischen Kriterien gebaute Steinkeller für Betoneier und Amphoren, in denen der Wein tief im Berg des Würzburgers Steins gelagert wird.

11,3 km | 11 Min ▸ Mittlerer Steinbergweg 5, 97080 Würzburg, Tel. 09 31/2 58 08. www.weingut-am-stein.de. Öffnungszeiten WeinWerk: Mo.–Fr. 14 bis 20 Uhr, Sa. 10 bis 17 Uhr. Januar bis März: Mo.–Fr bis 18 Uhr, Sa. bis 14 Uhr. Ruhetag: So.

Die Weine € €

Zu meinen absoluten Favoriten gehört die *VINZ*-Reihe. Diese Weine wurden aus Trauben von über 40 Jahre alten Reben gekeltert. Der Silvaner präsentiert sich unglaublich komplex und vielschichtig. Würzige Aromen spielen mit reifen exotischen Früchten, am Gaumen spüren Sie seine Tiefgründigkeit, er bleibt ewig im Nachhall.

RESTAURANT REISERS AM STEIN ⓔ ⓔ ⓔ

Am späten Nachmittag öffnet das Gourmetrestaurant Reisers in dem eindrucks-vollen kubischen Neubau mitten im Weingut am Stein seine Pforten. Es ist nicht nur für Gourmets, sondern auch für Wein- und Designliebhaber ein Anziehungs-punkt. Seit 2002 führt Bernhard Reiser das Restaurant. Wichtig ist ihm die lockere Atmosphäre und ein angemessenes Preis-Leistungs-Verhältnis. „Genießen lässt sich nur, wenn man entspannt ist", sagt Bernhard Reiser. In der Küche ist er ein wahrer Künstler und entsprechend mit einem Michelin-Stern und höchsten Bewertungen in den gängigen Restaurantführern ausgezeichnet. Wahrlich kreativ ist sein Menü „Freistil". Es gibt ein höchst überraschendes, verschiedenen Leitbegriffen zugeord-netes 5-Gänge-Menü zu 85 €. Seine À-la-Carte-Vorschläge klingen nicht weniger gut und kreativ: Ravioli mit geräuchertem Ricotta, Spargel, Lachs und Bärlauch oder Schweinekinn, Garnelen Wan tan, wilder Brokkoli und Karotten-Ingwer-Pü-ree. Ein richtiger Geheimtipp ist der „Easy Monday", da zaubert Reiser ein 3-Gän-ge-Menü für 39 €. *Hauptgerichte ab etwa 30 €.*

6 km | 8 Min ▶ Mittlerer Steinbergweg 5, 97080 Würzburg, Tel. 09 31/28 69 01. www.der-reiser.de. Öffnungszeiten: Mo.–Sa. ab 17.30 Uhr. Ruhetag: So.

HOTEL WÜRZBURGER HOF ⓔ ⓔ ⓔ

1908 hat Michael Erb das ehemalige Gasthaus zur Stadt Würzburg am Barbarossa-platz erworben und in dreijähriger Bauzeit aufwendig umgebaut. Auch im weiteren Verlauf wurde das fortan Hotel Würzburger Hof genannte Gebäude wiederholt erweitert und renoviert – zuletzt 2015. Seit 2012 führt Sabine Unckell das Hotel. Schon von außen beeindruckt es mit seiner aufwendigen Stuckfassade aus der Gründerzeit. Die stilvolle Einrichtung setzt sich auch im Inneren fort. Die individu-ell gestalteten Zimmer wirken anheimelnd gemütlich und sind geräumig, ihre ge-schmackvolle Einrichtung beweist viel Liebe zum Detail. Die zentrale Lage in der Stadtmitte erlaubt den Besuch der Sehenswürdigkeiten zu Fuß. Zur Begrüßung werden Sie beim Check-in bereits mit einem Glas Wein verwöhnt, nachts werden die Schuhe geputzt, und das reichhaltige Frühstücksbüffet ist sensationell! *Doppelzimmer ab 125 €, plus Frühstück 12 €/Person.*

8,7 km | 11 Min ▶ Barbarossaplatz 2, 97070 Würzburg, Tel. 09 31/5 38 14. www.hotel-wuerzburgerhof.de.

Weingut Brennfleck

Ein sympathischer Familienbetrieb

1998 übernahmen Hugo und Susanne Brennfleck das alteingesessene Weingut in 13. Generation. Der wunderschöne, denkmalgeschützte Gutshof wird perfekt ergänzt von dem modernen Kelterhaus aus Muschelkalk, Glas und Beton, das auch mit mehreren Architekturpreisen ausgezeichnet wurde. Ideale Bedingungen also für ihre saftigen, ehrlichen Weine. Der Löwenanteil der stattlichen 26 Hektar entfällt, wie es sich für Franken gehört, mit 60 Prozent auf den Silvaner. Aber auch die Burgundersorten, Riesling und den köstlichen Müller-Thurgau können Brennflecks gut. Die große Bandbreite ihrer Weine ist ein Erlebnis. Brennflecks besitzen Toplagen in Sulzfeld, Rödelsee, Iphofen und am Escherndorfer Lump. Entsprechend spiegeln die Weine die Muschelkalkböden und die mineralisch-erdigen Keuperböden am Main und im Steigerwald wider.

4,8 km | 13 Min Papiusgasse 7, 97320 Sulzfeld am Main, Tel. 0 93 21/43 47. www.weingut-brennfleck.de. Öffnungszeiten: Mo.–Fr. 8 bis 17 Uhr und nach Vereinbarung.

Die Weine €€

Ein Erlebnis ist vor allem die große Bandbreite ihrer Weine. Viele Jahre schon bin ich absoluter Fan des *Silvaner Anna-Lena Kabinett trocken*. Der Wein ist nach der ältesten Tochter benannt, erinnert im Duft an Holunderblüten und frische Äpfel und wirkt beim Trinken so richtig ehrlich und bekömmlich. Bei den jüngeren Weingenießern kommt vor allem der *Sauvignon Blanc* sehr gut an.

RESTAURANT SCHWAB'S LANDGASTHOF ⓔ ⓔ

Bereits in der vierten Generation wird dieser Gasthof als Familienbetrieb geführt. 1996 hat Joachim Schwab das Ruder übernommen, nachdem er sich in renommierten Häusern wie dem Bareiss in Baiersbronn seine Sporen verdiente. In zwei gemütlichen, rustikal eingerichteten Gaststuben serviert er bodenständige fränkische Gerichte aus regionalen Produkten. Als passionierter Jäger bereitet er besonders gern und gut Wild zu – oft sogar aus der eigenen Jagd im Steigerwald. Kürzlich hat er ein Wildkochbuch veröffentlicht. Die Auswahl fällt schwer: Rehschäufele mit Waldpilzen, Wildschweinbäckchen mit Kartoffel-Lauch-Gemüse oder Wallerfilet im fränkischen Wurzelsud? In der reichhaltigen Weinkarte sind natürlich alle renommierten fränkischen Weingüter vertreten, deren Weine auch offen angeboten werden – ganz fair kalkuliert. Sie können auch in einem der liebevoll im Landhausstil eingerichteten Zimmer übernachten. *Hauptgerichte ab etwa 11 €.*

4,1 km | 6 Min Bamberger Straße 4, 97359 Schwarzach am Main, Tel. 0 93 24/12 51. www.landgasthof-schwab.de. Öffnungszeiten: Mi.–So. 11.30 bis 14 und 17.30 bis 21.30 Uhr (warme Küche). Ruhetage: Mo. und Di.

VINOTEL & WEINGUT AUGUSTIN ⓔ ⓔ

Was für eine tolle Idee – Familie Augustin hat hinter historischen Bruchsteinmauern ganz außergewöhnliche Zimmer geschaffen. Sie tragen nicht nur Namen wie Afrika, Space, Zen, Orient oder PopArt – sie sind auch entsprechend ausgestattet. Die Wahl fällt wirklich schwer, von jedem Zimmer sind Sie wieder aufs Neue verzaubert. Mit dem Zimmerschlüssel bekommen Sie auch einen Schlüssel für den Weinklimaschrank. Wenn Sie also mit Freunden dort nächtigen, wird es kaum bei einer Flasche bleiben. Arno Augustin gehört für mich zur Elite der fränkischen Winzer. Seine Silvaner duften und schmecken floral – stellen Sie sich einfach einen Strauß weißer Lilien vor. Im Duft verleihen Aromen wie von exotischen Früchten dem Silvaner Vielschichtigkeit, am Gaumen spüren Sie seine Mineralität und enorme Länge. Ungewöhnlich ist auch der *Sulzfelder Cyriakusberg Merlot Barrique trocken* – in dunklem Granatrot leuchtend, zeigt er Frucht und Körper und wirkt sehr modern gearbeitet. *Doppelzimmer mit Frühstück ab etwa 110 €.*

8,5 km | 12 Min Raiffeisenstraße 5, 97320 Sulzfeld am Main, Tel. 0 93 21/56 63. www.vinotel-augustin.de .

Bickel~Stumpf

Frischer Wind

Ich finde die Geschwister Matthias Stumpf und Melanie Stumpf-Kröger nicht nur ausgesprochen sympathisch, mir gefallen auch ihre Weine sehr gut. Schlicht und

persönlich haben sie auf ihrer ansprechenden Webseite die Geschichte des Weinguts dargestellt. „1971 fuhr Vater Reimund Stumpf mit seinem schwarzen Käfer zum ersten Mal von Thüngersheim nach Frickenhausen, um seine neue Freundin Carmen Bickel zu besuchen. 1976 heiratete er sie." Jetzt wissen Sie auch, wie das mit dem Doppelnamen zustande kam. In ihrer modernen Vinothek können Sie nicht nur Weine probieren und einkaufen, Familie Stumpf bietet dort auch tolle Events. Und sie scheut sich nicht, ihre Weine im Zusammenspiel mit Tropfen internationaler Kollegen zu präsentieren. Ihr Credo: „Liebe zum Handwerk, Respekt vor der Natur: Wir verbinden zwei herausragende fränkische Terroirs zu einem kleinen aber feinen Familienweingut."

13,4 km | 14 Min Kirchgasse 5, 97252 Frickenhausen am Main, Tel. 0 93 31/28 47. www.bickel-stumpf.de. Öffnungszeiten: Mo., Mi. und Fr. 9 bis 13 und 14 bis 17 Uhr, Sa. 10 bis 15 Uhr und nach Vereinbarung.

Die Weine €

Witzig, leicht – nur 11 % Alkohol – und blumig-würzig ist ihr Wein *twentysix* (7,50 €). Richtig schwierig ist es, sich zwischen den *Silvanern Buntsandstein* und *Muschelkalk* zu entscheiden – erdig, klassisch und würzig schmeckt der eine und mit gelbfleischiger Frucht, an Aprikosen erinnernd, am Gaumen cremig und fruchtig der andere (jeweils 9,50 €).

RESTAURANT PHILIPP €€

Im mittelalterlichen Wein- und Künstlerort Sommerhausen haben Michael Philipp und seine Frau Heike in einem 400 Jahre alten Renaissance-Palais eine Oase des Lukullus eingerichtet. Der gelernte Metzgermeister hat seine Ausbildung zum Spitzenkoch in den renommierten Schweizerstuben in Wertheim gemacht. In Sommerhausen hat er sich mit seiner leichten, französisch inspirierten Aromenküche schon 2003 einen Michelin-Stern erkocht. Mit Kreativität und Leidenschaft verbindet er französische Küche mit bodenständigen fränkischen Produkten. Das Restaurant bietet nur 20 Gästen Platz, zehn weitere Plätze sind in einem Nebenraum. Top-Sommelière Heike Philipp berät Sie aus einem exzellenten Angebot an lokalen und internationalen Kreszenzen. Für eine Übernachtung bekommen Sie mit etwas Glück die Barock- oder die Renaissance-Suite im Haus. *3-Gänge-Menü für 49 €.*

14,7 km | 16 Min Hauptstraße 12, 97286 Sommerhausen, Tel. 0 93 33/14 06. www.restaurant-philipp.de. Öffnungszeiten: Mi.–So. ab 19 Uhr, Sa., So. und Feiertage auch 12 bis 14 Uhr, April bis November auch 12 bis 15.30 Uhr. Ruhetage: Mo. und Di.

HOTEL UND WEINGUT MEINTZINGER €€

Das Hotel Meintzinger in Frickenhausen wurde 1979 gebaut und 2009 komplett renoviert. Dabei wurde die mittelalterliche Anmutung perfekt mit modernsten Wohnstandards kombiniert. Zusätzlich gibt es gleich um die Ecke noch das Haus der Freunde, ein schnuckelig eingerichtetes Fachwerkhäuschen mit liebevoll hergerichteten Zimmern. Das reichhaltige Frühstück wird im Sommer auf der Terrasse serviert. Und in der Weinbar können Sie die Erzeugnisse des Weinguts verkosten. *Doppelzimmer mit Frühstück ab 110 €.*

8,8 km | 10 Min Babenbergplatz 4, 97252 Frickenhausen am Main, Tel. 0 93 31/8 71 10. www.hotel-meintzinger.de.

FÜR ENTDECKER >> *Wandern Sie einmal rund um das Römerlager auf dem Kapellenberg hoch über Marktbreit. Das Lager aus der Zeit des Kaisers Augustus wurde erst 1985 durch Luftbildarchäologie entdeckt und ist mit 37 Hektar eines der größten bekannten Römerlager überhaupt.* <<

Weingut Born

Zu Gast bei einer Weinprinzessin

Früher stellte man sich einen Winzer eher als wettergegerbtes gestandenes Mannsbild vor. Das hat sich in den letzten Jahren komplett geändert: Junge Frauen machen heute mit großem Selbstverständnis ihr Diplom für Weinbau und Önologie und bauen ihre Weine natürlich auch selbst aus. Elisabeth Born vom ersten Privatweingut der nördlichen Weinbauinsel Höhnstedt (so werden die wenigen klimatisch begünstigten Hänge an Saale und Unstrut genannt, an denen Weinbau überhaupt möglich ist) bricht gleich noch mit einem zweiten Klischee: Sie trug 2011/2012 die Krone der Deutschen Weinprinzessin und nutzte die vielen Reisen, um Erfahrungen auch für die Arbeit im elterlichen Betrieb zu sammeln. Der „Prinz" stand schon parat: Während ihres Studiums in Geisenheim hatte die sehr hübsche Winzertochter den sehr netten Schwaben Jochen Hinderer kennengelernt. Nun freut sich Vater Günter Born, dass die beiden weltgereisten Winzer zu Hause das Zepter übernommen haben. Ein Erlebnis: Lassen Sie sich den aufwendigen Terrassenbau zeigen.

10,6 km | 13 Min Wanslebener Straße 3, 06198 Salzatal OT Höhnstedt, Tel. 03 46 01/2 29 30. www.weingut-born.de. Öffnungszeiten: Mo.–Fr. 10 bis 18 Uhr, Sa. 10 bis 14 Uhr und nach Vereinbarung.

Die Weine ⓔ ⓔ

Mein Liebling ist der *Höhnstedter Kreisberg Weißburgunder Spätlese trocken* – aus besagtem Terrassenanbau. Ein sehr vielschichtiger floraler Weißwein mit unglaublich viel Muskeln und Kraft. Sein Duft erinnert an Karamell und Pfeffer, und trotz seiner stoffigen Art trinkt er sich absolut elegant. In der Straußwirtschaft schmeckt ihr leichter *Rosé Gutswein* supergut. Er riecht wie ein Korb mit frischen Erdbeeren.

RESTAURANT ORANGERIE SEEBURG ⓔ ⓔ

Der Süße See im Mansfelder Land zwischen Halle und Eisleben ist ein beliebtes Ausflugsziel. An seinem Ufer liegt Schloss Seeburg, das schon im Jahre 743 urkundlich erwähnt wurde und früher offenbar als Fluchtburg gedient hat. Unmittelbar neben dem trutzig wirkenden Schloss befindet sich die Orangerie, ein erst jüngst eingerichtetes Restaurant. Die weite, zum See ausgerichtete Glasfront lässt viel Licht in den Gastraum; noch näher am Wasser sitzt man auf der Terrasse. Dank der gläsernen Küche kann man die Zubereitung der Speisen – mit Vorliebe sous vide, also im Vakuum gegart – mitverfolgen. Hier wird eine frische, mediterran ausgerichtete Küche angeboten, die großen Wert auf lokale Produkte legt. Wie klingt etwa Carpaccio vom Thunfisch auf Rucolasalat und Gemüsevinaigrette oder Pochierter Oktopus auf warmem Tomaten-Knoblauch-Salat und Kurkumareis? Oder doch lieber Kalbsbäckchen sous-vide auf Tonkabohnenjus, Kartoffel-Mousse und Datteln im Speckmantel? Dazu trinken können Sie eine Auswahl lokaler Weine aus dieser nördlichsten deutschen Weinbauregion. *Hauptgerichte ab etwa 16 €*

11,5 km | 10 Min ▶ Schloss Straße 18, 06317 Seegebiet Mansfelder Land, Tel. 03 47 74/59 00 89. www.orangerie-seeburg.de. Öffnungszeiten: Di. 14 bis 22 Uhr, Mi.–Sa. 12 bis 22 Uhr, So. und Feiertage: 12 bis 20 Uhr.

DECKERT'S HOTEL AM KATHARINENSTIFT ⓔ

In der schönen Lutherstadt Eisleben, der Heimat Martin Luthers, finden Sie Deckert's Hotel und Restaurant. Das familiär geführte 3-Sterne-Haus wurde im Jahr 1989 gebaut und 2010 renoviert. Die Zimmer sind großzügig und modern eingerichtet. Der Service ist persönlich – und die Preise unschlagbar! Das Frühstücksbüffet ist besonders erwähnenswert. Im hoteleigenen Restaurant erleben Sie ein qualitativ hochwertiges Angebot an mediterranen und saisonal-regionalen Spezialitäten mit Schwerpunkt auf Fisch. Die Weinkarte ist großartig und gut ausgesucht. Zahlreiche, vor allem lokale Weine werden auch glasweise ausgeschenkt. *Doppelzimmer mit Frühstück ab 85 €*

9,2 km | 12 Min ▶ Friedensstraße 2, 06295 Lutherstadt Eisleben, Tel. 0 34 75/66 90. www.deckerts-hotel.de.

Winzerhof Gussek

Herrliche Weine von alten Reben

Jedes Mal bin ich aufs Neue von Naumburg begeistert – von seinen alten Pracht-
villen, den Stadttoren, der gut erhaltenen Stadtmauer … Tatsächlich war die Naum-

burg nach dem Mauerfall das Vorzeigemodell für die Stadt-
sanierungen im Osten. Zu die-
ser Zeit erwarb der sympathische und bedachte André
Gussek nach 20 Jahren als Kellermeister im Landesweingut
Kloster Pforta sein eigenes
Weingut. Was 1993 mit fünf
Glasballons Wein begann,
konnten die Gusseks auf stattliche 9,2 Hektar Anbaufläche
erweitern. Es war sicher nicht
einfach, die teilweise sehr alten
Rebhänge zu bekommen, doch
es gelang: Im Naumburger Steinmeister besitzen Gusseks 60 Jahre alte, im Kaatscher
Dachsberg sogar 80 Jahre alte Reben. Die bringen natürlich nicht mehr so viel Ertrag, aber die Rebstöcke wurzeln bis zu 20 Metern tief und sorgen für die Mineralität in den Weinen.

9 km | 15 Min Kösener Straße 66, 06618 Naumburg (Saale),
Tel. 0 34 45/7 81 03 66. www.winzerhof-gussek.de. Öffnungszeiten Vinothek:
Mo.–Do. 16 bis 19 Uhr, Fr. und So. 14 bis 18 Uhr. Ruhetag: Sa.

Die Weine €€

Schon der „einfache" *Silvaner* (7,50 €) zeigt die klare Handschrift des Betriebs. Der
Wein erinnert im Duft an Äpfel und grünen Pfeffer, am Gaumen zeigt er sich kernig
und unkompliziert. Ein richtiger Essensbegleiter ist der *Silvaner Dachsberg BIN 87*
(so alt sind die Reben!) zu 13,50 €. Lange hätte ich es nicht für möglich gehalten,
dass so weit nördlich derartig vollmundige Rotweine entstehen. Probieren Sie den
Blauen Zweigelt – Sie werden erstaunt sein.

ZUM ALTEN KRUG €

Mitten im Zentrum der historischen Stadt Naumburg liegt am Lindenring ein mit kräftigen Rankenpflanzen bewachsenes Fachwerkhaus: Das Gasthaus Zum Alten Krug. Von hier aus können Sie die zahlreichen Sehenswürdigkeiten bequem zu Fuß erreichen. In der urigen Gaststube – in der warmen Jahreszeit auch draußen – genießen Sie eine orts- und bodenständige, eher rustikale Küche. Auf der Karte locken zum Beispiel Feuerbohnensuppe, Knoblauchbemmen mit Gurken, Thüringer Rostbrätl oder Grillhaxe mit Sauerkraut. Dazu gibt es Weine aus der Region oder die regionaltypischen Schwarzbiere. Die Preise sind sehr volkstümlich – und vermutlich nur noch höchst selten so anzutreffen! Übernachten können Sie in geräumigen, sauberen Zimmern mit eher rustikalem Charme. Das Frühstück ist sehr reichhaltig und der Service ausgesprochen freundlich. *Hauptgerichte ab etwa 5 €.*

14,4 km | 18 Min Lindenring 44, 06618 Naumburg (Saale), Tel. 0 34 45/20 04 06. www.hotel-zum-alten-krug.de. Öffnungszeiten: täglich ab 17 Uhr.

HOTEL ZUR ALTEN SCHMIEDE € €

Zentral gelegen in der historischen Altstadt – und damit idealer Ausgangspunkt für eine Besichtigungstour zu Fuß – finden Sie am Lindenring das Hotel Zur Alten Schmiede. Die auf das Jahr 1700 zurückgehende Huf- und Wagenschmiede hat den Umbau 1963 leider nicht überstanden, weshalb auf den alten Fundamenten ein Neubau errichtet und 2007 erweitert wurde. So kommt es, dass die Hotelzimmer nach neueren Vorstellungen weiträumig und modern gestaltet sind. *Doppelzimmer mit Frühstück ab etwa 100 €.*

14,3 km | 18 Min Lindenring 36, 06618 Naumburg (Saale), Tel. 0 34 45/2 43 60. www.hotel-zur-alten-schmiede.de.

FÜR ENTDECKER >> *Besichtigen Sie unbedingt den Naumburger Dom mit seinen zwölf Stifterfiguren: Uta und Ekkehard haben mich schon aus meinen Schulbüchern angeblickt. Sehenswert ist auch die Stadtkirche St. Wenzel, eine dreischiffige Hallenkirche mit der Hildebrandorgel, auf der schon Johann Sebastian Bach gespielt hat. Vom 72 Meter hohen Wenzelsturm hat man einen vorzüglichen Rundblick über Stadt und Umland.* <<

Lutz Müller

Wein inmitten der Reben genießen

Jedes Jahr im März fängt sie an: die Saison der Straußwirtschaft. Mitten zwischen den Reben können Sie dann oberhalb der Elbe Lutz Müllers klare, frische Weine trinken.

Bierbänke stehen im Schutz der Weinbergmauer, daneben sind Weinstand und Holzofen aufgebaut. Je nach Jahreszeit backen darin Flammkuchen oder Foccacia. Beim letzten Besuch hatten wir Freude an der deftigen Kartoffelsuppe. Im Jahr 2000 gingen die Müllers mit ihrem Weingut im Nebenerwerb an den Start; ihre Weine ließen sie in einem bekannten Weingut ausbauen. Nachdem Sohn Lutz im ehemaligen Staatsweingut Radebeul seine Ausbildung gemacht und Erfahrungen in westdeutschen und kalifornischen Weinregionen gesammelt hatte, schlugen die Müllers einen anderen Kurs ein: 2012 war der erste Jahrgang, den sie in ihrem eigenen Keller ausbauten. Dafür haben sie das halb verfallene Kavaliershaus in der Parkanlage von Schloss Albrechtsberg umgebaut. Es gibt dort übrigens zwei Ferienwohnungen direkt über dem Weinkeller.

7,1 km | 12 Min Bautzner Straße 130, 01099 Dresden, Tel. 03 51/3 28 92 17. www.winzer-lutz-mueller.de. Öffnungszeiten Straußwirtschaft: März bis November So. und Feiertage, April bis September auch Sa., jeweils 11 bis 19 Uhr.

Die Weine € €

Laben können Sie sich an dem kernig trocken ausgebauten *Müller-Thurgau* oder an einer sensationellen *Traminer Spätlese trocken*, die unglaublich duftig daherkommt und an Rosen, Limonen und Muskatnüsse erinnert. Am Gaumen haben Sie den Eindruck, dass jede Menge Gewürze mitschwingen, etwa Sandelholz und Kardamom. Alles, was der Wein verspricht, hält er auch noch lange im Nachhall.

STERNERESTAURANT CAROUSSEL ⓔ ⓔ ⓔ

Das Relais & Châteaux Hotel gehört nicht nur zu den besten Hotels in Dresden, es hat auch eines der besten Restaurants der Stadt. Das Caroussel, mit einem Michelin-Stern und 17 Punkten im Gault Millau ausgezeichnet, verwöhnt mit Luxus pur – und mit Meissner Porzellan! Benjamin Biedlingmaier war in den besten Häusern der Republik, bevor er hier sein Können unter Beweis stellte. Seine Gerichte klingen nicht nur spannend, sie sind es auch. „Am Ende des Regenbogens": Gelbflossenmakrele, Blumenkohl, Blutorange und Tannengrün. Oder das „edel & zart": Luma-Schwein, Süßkartoffel und Granatapfel. Die zur Oberkellnerin des Jahres gekürte Antje Kirsch umsorgt die Gäste perfekt und garantiert für die passende Weinbegleitung zum Essen. In den Hotels Residenz und Palais fühlen Sie sich fast in die Zeit von August dem Starken versetzt und entspannen in dem fantastischen Spa über den Dächern von Dresden. Dass hier perfekte Gastgeber am Werk sind, spüren Sie schon am Empfang – egal, ob Sie Karten für die Semperoper benötigen oder Blumen für Ihre Frau: Hier wird alles sofort erledigt. *Hauptgerichte ab 40 €, 3-Gänge-Menü ab etwa 80 €.*

5,3 km | 8 Min Königstraße 14, 01097 Dresden, Tel. 03 51/8 00 31 40. www.buelow-palais.de/caroussel. Öffnungszeiten: Di.–Sa. ab 18.30 Uhr (Küchenschluss 22 Uhr). Ruhetage: So. und Mo.

MARITIM HOTEL DRESDEN ⓔ ⓔ

Das Hotel liegt sehr praktisch – direkt am Ufer der Elbe, sodass Sie zu Fuß die gesamte Stadt erkunden können. Und es bietet, auf wunderbar unaufgeregte Art, allen Luxus. Die Zimmer sind großzügig, hell und sehr elegant. Ein exklusiver Wellnessbereich mit Schwimmbad, Saunen, Fitness, Massage und Kosmetik lädt Sie ein, zu entspannen. Wenn Sie abends ins Hotel kommen, kann es gut sein, dass Sie noch Lust haben, an der Pianobar einen Drink zu nehmen. Unser Sohn war vor allem von den aktuellen Sportevents total begeistert – live und in HD auf Sky. Gut, dass er noch kein Bier trinkt … Um den Tag gut zu beginnen, steht Ihnen ein reichhaltiges Frühstücksbüffet im Restaurant Wintergarten mit Elbterrasse zur Verfügung. Zu Mittag und Abend essen können Sie dort natürlich auch – ebenfalls mit einmaliger Aussicht. *Doppelzimmer mit Frühstück ab 144 €.*

6,1 km | 9 Min Ostra-Ufer 2, 01067 Dresden, Tel. 03 51/21 60. www.maritim.de oder www.dresden-congresscenter.de.

95

Schloss Wackerbarth

Einzigartiges Erlebnisweingut!

Rund 190 000 Gäste staunen jedes Jahr über das Ensemble aus Schloss, barocker Gartenanlage und hoch darüber thronendem Belvedere, der ultramodernen, gläser-

nen Wein- und Sektmanufaktur sowie dem gutseigenen Restaurant und Markt. Um den Weinen, der Weinkultur und auch der Weinregion näherzukommen, machen Sie am besten eine der Führungen mit. Für immer im Gedächtnis bleibt einem die Herstellung einer Sekt-Cuvée, wie sie in der gläsernen Manufaktur anschaulich dargestellt wird. Bei schönem Wetter lohnt es sich, die zweistündige Weinbergswanderung mit Verkostung zu buchen. Danach haben Sie den passenden Appetit für das empfehlenswerte Gasthaus, in dem auch eine außergewöhnliche Kuchenauswahl angeboten wird. Den zu den Gerichten passenden Wein bekommen Sie selbstverständlich auch glasweise.

5,6 km | 11 Min Wackerbarthstraße 1, 01445 Radebeul, Tel. 03 51/8 95 50. www.schloss-wackerbarth.de. Öffnungszeiten Markt: April bis Dezember täglich 9.30 bis 20 Uhr. Öffnungszeiten Gasthaus: Mo.–Fr. 12 bis 22 Uhr, Sa., So., Feiertage 10 bis 22 Uhr.

Die Weine € €

Probieren Sie den *Riesling Kabinett* mit nur 12 % Alkohol. Sein Duft erinnert an Melonen, er trinkt sich leicht und verspielt. Ein ganz besonderer Wein ist der *Radebeuler Goldener Wagen Edition ★1950*. Nach altem Vorbild wurde ein gemischter Satz von Traminer, Riesling, Silvaner und Grauburgunder ausgebaut. Schon im Duft sind Sie fasziniert von seinem Spiel, an Blaubeeren und Muskat erinnernd. Obwohl er viel Kraft besitzt, sorgt seine Mineralität für eine beeindruckende Eleganz.

WEINSTUBE IM WEINGUT HOFLÖSSNITZ €

Im Zentrum der sächsischen Weinkulturlandschaft, inmitten der Reben, liegt die Hoflößnitzer Weinstube mit ihrer wunderschönen Weinterrasse. Passend zu den Weinen werden auch kleinere Gerichte wie Flammkuchen oder Winzerplatten angeboten. Allerdings kommt man nach Hoflößnitz nicht nur zum Essen: Machen Sie am besten auch eine kleine Weinprobe. Neben den klassischen Sorten wie Traminer, Riesling oder Grauburgunder bauen sie hier gerade die ersten sogenannten PIWIs wie Johanniter und Souvignier Gris an. Die pilzresistenten Rebsorten haben den Vorteil, dass sie nicht mehr oder kaum noch gespritzt werden müssen. Gerade in nur sehr schwer zu bewirtschaftenden Lagen bringt das enorme Vorteile und unter ökologischen Gesichtspunkten ist es natürlich auch absolut empfehlenswert. 2011 wurde hier ein wunderschönes Winzerhaus liebevoll restauriert und steht nun als Gästehaus zum Wohnen zur Verfügung. Auch ein Abstecher ins Sächsische Weinbaumuseum lohnt, und im Sommer sind die Kammerkonzerte im Festsaal des Lust- und Berghauses ein absolutes Highlight. *Speisen ab etwa 6 €.*

4,6 km | 10 Min Knohllweg 37, 01445 Radebeul, Tel. 03 51/8 39 83 41. www.hofloessnitz.de. Öffnungszeiten Weinstube mit Weinterrasse: Di.–So. und Feiertage ab 11 Uhr. (November bis März ab 12 Uhr). Ruhetag: Mo.

ROMANTIK HOTEL & RESTAURANT VILLA SORGENFREI € €

In der ehemaligen Sommerresidenz des Freiherrn von Gregory wurde ein ganzes Gebäudeensemble detailgetreu im Stil des 18. Jahrhunderts restauriert. Die Zimmer sind individuell und alle unterschiedlich geschnitten. Die historischen Holzdielen- oder Sandsteinböden verleihen ihnen einen ganz eigenen Charme. Der französische Park mit Brunnen lädt zum Entspannen ein. Im historischen Fest- und Gartensaal der Orangerie ist das Restaurant eingerichtet. Kostbare Wand-und Spiegelmalereien, hohe Stuckdecken und der über 200 Jahre alte Kristalllüster mit seinen (brennenden!) Kerzen schaffen ein feierlich-festliches Ambiente. Im Sommer kann man auch auf der Sonnenterrasse mit Blick auf den Park speisen. Ganz aktuell hat der in Dresden sehr erfolgreiche Gastronom Stefan Hermann (bean & beluga) die Villa Sorgenfrei übernommen und in Küchenchef Christoph Poser eine Topbesetzung für das wunderschöne Kleinod. *Doppelzimmer mit Frühstück ab etwa 100 €.*

3,3 km | 6 Min Augustusweg 48, 01445 Radebeul, Tel. 03 51/7 95 66 60. www.hotel-villa-sorgenfrei.de.

Baden

Burgunder vom Feinsten

Ab und zu ein kühles Windchen: In der Ortenau gedeihen hervorragende Rieslinge.

Baden

Über die unglaubliche Länge von 400 Kilometern zieht sich das badische Weinbaugebiet. Kein Wunder, dass die Weine so unterschiedlich ausfallen. Im Markgräflerland südlich von Freiburg sollten Sie unbedingt den Gutedel probieren, das ist ein leichter, trockener, sehr bekömmlicher Wein mit wenig Säure. Er gilt bei den Markgräflern als typischer Schoppen- und Alltagswein. Ich mag ihn besonders gern im Herbst zur Linzertorte. Letztere wird mit frischen Nüssen gebacken, und Gutedel bringt ebenfalls einen feinen nussigen Geschmack mit.

Als Badenerin liegt mir der Kaiserstuhl natürlich besonders am Herzen, aber verflixterweise liegt er nicht direkt an der Autobahn. Vor allem die Burgunderweine laufen hier zu ganz großer Güte auf. Die ehemalige Vulkangegend mit dem sehr heißen Klima gibt auch den Rotweinen ein starkes Rückgrat und bringt warme, weiche und kraftvolle Spätburgunder hervor. Wenn Sie ein bisschen mehr Zeit haben, lohnt es sich, die wunderbaren Weingüter am Kaiserstuhl und das eine oder andere hervorragende Restaurant zu besuchen. Dort braucht man nicht unbedingt ein Sternerestaurant, die Messlatte für Qualität liegt in der Region durchgehend sehr hoch.

Die an den Ausläufern des Schwarzwalds gelegene Ortenau wartet mit hervorragenden Rieslingen und Burgunderweinen auf. Während Baden eigentlich eher für Burgunder steht, wachsen in der Ortenau Rieslinge von allerhöchster Güte. Die kühleren Winde des Schwarzwalds sorgen für eine längere Reifezeit der Trauben und die etwas höheren Niederschläge wirken sich ebenfalls positiv aus. Die Ortenau-Rieslinge verfügen über eine wunderbare Fruchtigkeit, Mineralität und Eleganz.

Das nördlichere Baden mit dem Kraichgau und der badischen Bergstraße hat sich in den letzten Jahren enorm etabliert, die Winzer sind kreativ und innovativ. Natürlich finden die Burgunderweine hier ideale Bedingungen. Eine tolle Spezialität ist der Auxerrois. Er duftet floral, ähnlich wie Weißburgunder, wirkt dabei aber leichter und verspielter. Ein richtiger Frühlings- und Sommerwein. Neben modernen Rebsorten, wie Sauvignon Blanc, Cabernet Sauvignon und Merlot, baut man hier auch immer mehr den noch recht unterschätzten Lemberger/Blaufränkisch an. Ich verspreche Ihnen: Dieser Wein wird Sie begeistern!

Winzig ist die nördlichste Region Tauberfranken, die bis an die Tore von Wertheim reicht. Wie im benachbarten Franken finden Silvaner und Müller-Thurgau hier ideale Bedingungen, sodass sie charaktervoll ausfallen. Ein leichter Rotwein für jeden Tag ist der Schwarzriesling, aber auch die Spätburgunder haben viele Anhänger.

Im Markgräflerland hat der Gutedel mit seinem feinen nussigen Aroma Tradition.

Weingut Clauer

Tinte aus Spätburgunder

Familie Clauer ist wirklich rührig, in ihrem Weingut sind Sie immer herzlich willkommen – ob zur Weinprobe oder zu einer ihrer liebevoll organisierten Veranstal-

tungen, wie dem Theater im Weingut („Faust"), den Jazzfrühschoppen oder dem Rotweinfest. Apropos Rotwein: Ich schreibe mittlerweile mit Clauers Rotweintinte, die in Zusammenarbeit mit einem Schreibwarengeschäft exklusiv entwickelt wurde. Das hat schon was! Auf der Heidelberger Sonnenseite, einem der letzten Relikte der Weinkultur im Umfeld dieser traditionsreichen Stadt, baut die Familie Clauer sehr bekömmlichen

Riesling an. Am besten genießen Sie diesen im Heidelberger Schloss, wo das berühmte große Holzfass mit einem Fassungsvermögen von 200 000 Litern zu sehen ist. Und last but not least haben Sie die Möglichkeit in einem ihrer beiden Appartements zu übernachten. Sie merken schon – Clauers denken an alles.

9,1 km | 15 Min Dormenackerhof, 69126 Heidelberg, Tel. 0 62 21/38 24 39. www.weingutclauer.de. Öffnungszeiten: Mo.–Fr. 9 bis 12.30 und 13.30 bis 18 Uhr, Sa 9 bis 16 Uhr, Ruhetag: So.

Die Weine €

Probieren Sie unbedingt Clauers *Chardonnay* (6,70 €). Er kommt trocken, blumig und nicht zu breit daher. Oder ihren frischen und sommerlichen Weißwein *Laetitia „K" feinherb* (8,90 €), der wie ein Korb frischer Birnen und Kiwi duftet. Am Gaumen zeigt er sich saftig, leicht und frisch.

SCHARFFS SCHLOSSWEINSTUBE ⓔ ⓔ

Heidelberg besuchen ohne einen Abstecher auf das berühmte Schloss zu machen – das geht gar nicht! Natürlich tummeln sich hier jede Menge Touristen, die meisten halten die Szenerie mit ihren Fotoapparaten fest – schließlich zählt die Ruine mit ihren Gärten und dem Fasskeller zu den deutschen Top-Sehenswürdigkeiten überhaupt. Wegen des Rummels würde man auf Anhieb nicht vermuten, dass Martin Scharff gerade hier auf so hohem Niveau kocht. Keine Touristenfalle, sondern richtig hervorragende Qualität. Allerdings trägt Scharff auch schon 23 Jahre ununterbrochen seinen Stern im Michelin. Sie haben die Wahl zwischen dem Gourmetrestaurant Scharffs Schlossweinstube und dem darunterliegenden historischen Backhaus mit gutbürgerlicher Küche. Für mich der Mega-Clou: das Schloss-Taxi. Bei einer Abend-Reservierung ab vier Personen zahlt die Schlossweinstube Ihre gemeinsame Taxifahrt nach Hause. Nur auf Vorbestellung bei der Reservierung und über Distanzen bis zu 20 Kilometern. Wenn das nicht weitsichtig ist! *4-Gang-Menü in der Schlossweinstube ab 89 €, Hauptgerichte im Backhaus ab etwa 16 €.*

6,2 km | 13 Min ▶ Schlosshof 1, 69117 Heidelberg, Tel. 0 62 21/8 72 70 10, www.heidelberger-schloss-gastronomie.de. Öffnungszeiten: Schlossweinstube Di.–Sa. 18 bis 22 Uhr, Ruhetage: So. und Mo. Backhaus Mo.–So. 17 bis 23 Uhr.

BOUTIQUE HOTEL HEIDELBERG SUITES ⓔ ⓔ ⓔ

Wer luxuriöses Ambiente in der City sucht, der wird im Boutique Hotel Heidelberg Suites fündig. Die Villa aus dem 19. Jahrhundert wurde erst 2003 vom italienischen Architekten Michele Bönan erweitert und im klassizistischen Stil restauriert. Das Anwesen beherbergt jetzt 25 Suiten unterschiedlicher Größe, die sehr geschmackvoll, exklusiv und komfortabel eingerichtet sind. Zusätzlich steht noch ein Guesthouse mit weiteren fünf Suiten bereit. Zur Entspannung gibt's einen Wellnessbereich, und von der Dachterrasse aus hat man einen herrlichen Rundumblick über die Altstadt von Heidelberg, das Schloss und den Neckar. Speisen kann man im hoteleigenen Schiff Patria. *Suite für 2 Personen ab 200 € inkl. Frühstück.*

5,6 km | 10 Min ▶ Neuenheimer Landstraße 12, 69120 Heidelberg, Tel. 0 62 21/65 56 50. www.heidelbergsuites.com.

Thomas Seeger

Mit Harley und Beiwagen durch die Weinberge

Thomas Seeger ist ein echter Typ mit viel Charisma, und er hat viel bewegt. Beim Deutschen Rotweinpreis steht er praktisch jedes Jahr auf dem Siegertreppchen. Er

gehörte zu den ersten Winzern Deutschlands, die mit Cuvée-weinen für Furore sorgten. Soweit ich mich erinnern kann, war *ANNA* (aus Spätburgunder, Lemberger, Blauem Portugieser und Schwarzriesling) vor 25 Jahren die erste deutsche Cuvée, die mir ins Glas kam. Der rubinrote Wein erinnert im Duft an Kirschen und Beeren. Am Gaumen behält er seine Fruchtigkeit und wirkt insgesamt sehr ansprechend und modern. Etwas klassischer für Baden sind die Spätburgunder. „Weil ich mir damals keinen großen Burgunderwein leisten konnte, musste ich ihn selbst machen", erinnert sich Seeger lachend.

6,3 km | 10 Min ▶ Rohrbacher Straße 101, 69181 Leimen, Tel. 0 62 24/7 21 78. www.seegerweingut.de. Öffnungszeiten Weingut und Vinothek: Mo.–Mi. nach Absprache, Do.–Fr. 15 bis 18 Uhr, Sa.10 bis 14 Uhr. Ruhetag: So.

Die Weine ⓔ ⓔ ⓔ

Jedes Jahr gefragt sind seine Großen Gewächse. Sein *Spätburgunder R* ist für 36 € zu bekommen, der *Spätburgunder RR* für 64 € und der *Spätburgunder RRR* für 120 €. Ich will Sie aber nicht abschrecken, Seeger kann natürlich auch ganz normal: finessenreiche Weiß- und Grauburgunder zu 7 € oder einen leckeren Spätburgunder als Gutsweinvariante zu 8,40 €. Mein derzeitiger Favorit ist ja der *Blaufränkisch S trocken* (19,50 €) – dunkelfarbig mit betörendem Duft nach weihnachtlichen Gewürzen und dunklen Beeren. Am Gaumen zeigt er seine muskulöse Art. Er ist ein toller Begleiter zu kräftigen Fleischgerichten.

RESTAURANT JÄGERLUST IM WEINGUT THOMAS SEEGER €€

Gleich neben dem Weingut gibt es ein tolles Gasthaus: den über 100 Jahre alten Gutsausschank Jägerlust. Thomas Schwester Barbara und ihre Mutter Ingrid machen etwas, was selten geworden ist: gute, ehrliche Küche mit Produkten aus der Region. Legendär sind hausgemachte Sauerbraten, Krautwickel, Fleischküchle mit Kartoffelsalat oder die leckeren Karthäuser Klöße mit Weinschaum. Als Dessert dann noch einen Schokoladenpudding wie damals von der Oma. Die Damen kümmern sich wirklich liebevoll um ihre Gäste. Eine tolle Alternative zu den eher dunkleren, mit viel Holz ausgestatteten Gasträumen ist im Sommer der sehr hübsche und ebenfalls gemütliche Innenhof. *Hauptgerichte ab etwa 15 €.*

6,3 km | 10 Min ▶ Rohrbacher Straße 101, 69181 Leimen, 0 62 24/7 72 07. www.seegerweingut.de. Öffnungszeiten: Di.–Fr. ab 18 Uhr. Ruhetage: Mo., Sa. und So.

HOTEL EUROPÄISCHER HOF €€€

Seit 150 Jahren gilt der Europäische Hof als das erste Haus am Platze. Es ist immer wieder ein Erlebnis, im 5-Sterne-Hotel mitten in Heidelberg zu übernachten, zu feiern oder zu essen. Die Zimmer vermitteln genau jene Atmosphäre, wie man sie in einem modernen Grandhotel erwartet. Alles ist vom Feinsten und luxuriös, ohne aufdringlich zu sein. Die Seele können Sie im Panorama Spa über den Dächern von Heidelberg baumeln lassen – einer Wohlfühloase mit Sauna, Dampfbad, Solarium, Schwimmbad und Sonnenterrasse mit Blick auf das weltberühmte Schloss. Kulinarisch werden Sie in der Kurfürstenstube nicht weniger hervorragend verwöhnt. Neben einem Degustationsmenü finde ich auch das angebotene vegetarische Menü sehr ansprechend. *Doppelzimmer mit Frühstück ab etwa 260 €.*

7,6 km | 12 Min ▶ Friedrich-Ebert-Anlage 1, 69117 Heidelberg, Tel. 0 62 21/51 50 www.europaeischerhof.com.

FÜR ENTDECKER ›› *Von Heidelberg aus lohnt ein Abstecher zum Schloss und Schlosspark von Schwetzingen. Überaus sehenswert sowohl das Barockschloss wie auch der 72 Hektar große Park mit Wasserspielen, Pavillons und Skulpturen, dazu noch eine wunderschöne Moschee. In den Gärten finden in den Sommermonaten oft auch Konzerte statt.* ‹‹

Rudolf Bosch

Ein beachtliches Liebhaberprojekt

Der Weinliebhaber Rudolf Bosch gründete vor einigen Jahren als Hobby sein eigenes Weingut. Nachdem sein Neffe Andreas Braunecker 2007 sein Studium in Geisenheim abgeschlossen hatte, entschlossen sich beide gemeinsam, das Weingut zu etablieren. Mittlerweile verfügen sie über zehn Hektar, und bieten ihre Weine in drei Qualitätslinien an: Esprit, Signatur und Charisma. Unter Esprit bekommen Sie sehr klare, fruchtig ausgebaute Weine bereits um die 7 €. Sehr imponiert hatte mir, dass ich den Hinweis auf das Weingut Bosch vom schon recht bekannten Weingut Klumpp in Bruchsal bekommen hatte (siehe Seite 108). Da merkt man sofort die junge Generation – früher wäre so etwas undenkbar gewesen, da scheute man ja nichts mehr als die Konkurrenz!

3 km | 5 Min ▶ An der Oberen Lußhardt 1/1, 76709 Kronau, Tel. 0 72 53/9 32 40 24. www.weingut-bosch-kronau.de. Öffnungszeiten: Mi. und Fr. 17.30 bis 19 Uhr, Sa. 14 bis 17 Uhr und nach Vereinbarung.

Die Weine €

Unbedingt verkosten müssen Sie den exzellenten *Frühburgunder Signatur trocken* (14,50 €) – für mich einer der besten Frühburgunder überhaupt. Oft neigt die rote Burgunderrebsorte zu sehr marmeladigen Weinen, da die Trauben so früh reif werden. Boschs Frühburgunder zeigt sich dunkelfarbig, warm und mit einem Duft von unglaublich vielen Gewürzen. Am Gaumen ist er trotz seiner Kraft wunderbar weich und geschmeidig. Der absolute Kracher zu Wildgerichten oder Rindfleisch ist der rote *Terra Sigma*, ein wirklich kraftvoller Spätburgunder. Sein Duft erinnert an Pfeffer, dunkle Schokolade und Teersalbe (bitte positiv zu verstehen!), also eine recht dunkle und reife Aromatik. Das Faszinierende an dem Wein ist, wie geschliffen er sich am Gaumen zeigt, und er bleibt warm und lange im Nachhall.

RESTAURANT GÜLDENER BECHER €€

Das schöne alte Fachwerkhaus inmitten des Städtchens Östringen hat frischen Wind bekommen: Seit Anfang 2014 lenken Katrin Hanke und Marko Spanier die Geschicke des gemütlichen Gasthauses. Umsichtig umsorgt Katrin Hanke mit ihrem Team die Gäste und kümmert sich auch um Details wie hübsche Dekorationen. Marko Spanier versteht es, gefragte Klassiker zuzubereiten, wie Kross gebratene Lachsforelle mit Möhren und Petersilie oder Gebratene Kalbsleber mit Pinienkernen, Spinat, Korinthen und Petersilienwurzel. Dabei kombiniert er gerne saisonale mit mediterranen Aspekten. Ganz wichtig sind ihm regionale Produkte, die er sehr fein interpretiert: Kotelett vom Kraichgauer Landschwein in Kräuterpanade, dazu Kartoffel-Bärlauchsalat mit Radieschen und Frühlingslauch oder Heimischer Rheinhecht, Klößchen und Roulade im Bouillabaisse-Sud, dazu hausgemachte Gnocchi. *Hauptgerichte etwa 18 €.*

9 km | 10 Min Hauptstraße 115, 76684 Östringen, Tel. 0 72 53/8 00 98 50. www.gueldenerbecher.de. Öffnungszeiten: Di.–Sa. 18 bis 22 Uhr, So. und Feiertage 11.30 bis 14 und 18 bis 21 Uhr.

BOARDINGHOUSE HOTEL BONNE SUITE €€

Vielleicht geht es Ihnen ähnlich wie mir? Da ich häufig auf Reisen bin, bin ich so manche Hotels mittlerweile ganz schön leid, vor allem, wenn es sich um richtig große Bettenbunker handelt. Umso mehr freue ich mich, wenn ich ein ganz individuelles Zimmer bekomme, und die Gastgeber charmant und offen sind. Wie Marianne Enders und Chris Peters, gebürtige Holländer, die mit viel Liebe zum Detail eine alte, denkmalgeschützte Scheune mit hübschen großzügigen Zimmern ausgestattet haben. *Doppelzimmer ab 95 €, plus Frühstück 10 €/Person.*

10,6 km | 13 Min Hauptstraße 103 a, 68789 Sankt Leon-Rot, Tel. 0 62 27/3 09 89 58. www.bonnesuite.de.

FÜR ENTDECKER >> *Von Kronau aus sind's nur zehn Autominuten bis zum Römermuseum Stettfeld. Der Abstecher lohnt sich: Die Sammlung an Funden aus der einst vor allem von Handwerkern und Händlern bevölkerten Siedlung gibt anschaulich Aufschluss über das Alltagsleben vor 1900 Jahren.* <<

Weingut Klumpp

Ein Aushängeschild für die ganze Region

Ich kann mich noch gut an Zeiten erinnern, da war Bruchsal nur für sein Schloss und seinen Spargelmarkt bekannt. Unter Kennern hat sich jedoch schon lange her-

umgesprochen, dass auch ein Besuch im Weingut Klumpp immer lohnt. In den 80er-Jahren begannen die Quereinsteiger Marietta und Ulrich Klumpp mit ihrem eigenen Weingut, und sie erweiterten es bereits 1990, als sie an den Stadtrand von Bruchsal zogen. Ökologischer Weinbau lag ihnen von Anfang an am Herzen, und so wurden sie schon 1995 Mitglied der Ecovin. Für die beiden Söhne Markus und Andreas war von Anfang an klar, dass sie in den Weinbau gehören, und sie ergänzen sich im elterlichen Betrieb perfekt. Gemeinsam haben sie aktuell ein supermodernes Weingut gebaut, mit viel Glas, Holz, Beton … Nicht nur für die Stadt Bruchsal, sondern für die ganze Region Baden ist es ein richtiges Aushängeschild.

7 km | 7 Min ▸ Heidelberger Straße 100, 76646 Bruchsal, Tel. 0 72 51/1 67 19. www.weingut-klumpp.com. Öffnungszeiten: Mo.–Fr. 16 bis 19 Uhr, Sa. 9 bis 13 Uhr und nach Vereinbarung.

Die Weine

Neben ihren super klaren und fruchtigen Weißweinen gefällt mir der großartige *Lemberger aus dem Zeutener Himmelreich* (17 €) besonders. Der tiefdunkle Wein duftet nach Gewürzen, zeigt sich fleischig und macht jedes Wildgericht zu einem unvergesslichen Erlebnis. Etwas leichter präsentiert sich bei Klumpp der *Hand in Hand Spätburgunder,* ist doch Kellermeister Markus Klumpp mit der berühmten Winzerin Meike Näkel von der Ahr verheiratet.

GASTHOF ZUM BÄREN ⓔⓔ

Im Schatten des Bruchsaler Schlosses liegt dieses sympathische Gasthaus. In einem angenehm hellen, modernen Ambiente wird traditionelle badische Küche mit saisonaler Ausrichtung auf gehobenem Niveau serviert. Da der Bärenwirt selber ein passionierter Jäger ist, können Sie sich auf frische Wildgerichte aus eigener Jagd freuen. Was halten Sie zum Beispiel von einem rosa gebratenen Hirschsteak? Als Vorspeise vielleicht Spargelsalat? Sie sehen schon, hier macht sich die Nähe zu Europas größtem Spargelmarkt bemerkbar. In der wärmeren Jahreszeit lockt eine schöne Terrasse unter Kastanienbäumen. Ein besonderer Genuss sind die vom Bärenwirt selbst gemachten Wildsalamis, deren Duft die ganze Speisekammer füllt. *Hauptgerichte etwa 15 €.*

4,6 km | 6 Min Schönbornstraße 28, 76646 Bruchsal, Tel. 0 72 51/8 86 27. www.baeren-bruchsal.de. Öffnungszeiten: Di.–So. 11 bis 22 Uhr. Ruhetag: Mo.

HOTEL SCHEFFELHÖHE ⓔⓔ

Die Scheffelhöhe in Bruchsal bietet in ruhiger Lage 95 Zimmer in verschiedenen Kategorien an: als Zimmer, Suiten, Appartements und sogar als Ferienwohnung in einer Jugendstilvilla. Die Zimmer sind komfortabel, hell und modern eingerichtet. Im Wellnessbereich können Sie sich in Sauna und Dampfbad entspannen oder Sie benutzen den Fitnessbereich. Der Service ist aufmerksam. Im hauseigenen Restaurant Belvedere verwöhnt Sie Küchenchef Manuel Weigele mit frischen regionalen Produkten wie zum Beispiel: Gebratenes Filet vom Steinbeißer mit Limettenblättern auf grünem Spargel mit Bärlauchkartoffeln oder Gefüllte Kräuter-Crêpes mit Stangenspargel und Sauce hollandaise. *Doppelzimmer mit Frühstück ab etwa 120 €.*

5,1 km | 7 Min Adolf-Bieringer-Str. 20, 76646 Bruchsal, Tel. 0 72 51/80 20. www.scheffelhoehe.de.

FÜR ENTDECKER >> *Nach dem Essen im Gasthof zum Bären können Sie gleich gegenüber das Barockschloss Bruchsal mit dem eindrucksvollen Treppenhaus von Balthasar Neumann besichtigen. Versäumen Sie dort auf keinen Fall das Musikautomatenmuseum!* <<

Karlsruhe~Durlach

Der Turmberg als Wein-Wahrzeichen

Auf alle Fälle macht es Spaß, eine kleine Wanderung auf den Hausberg des Karlsruher Stadtteils Durlach zu unternehmen. Über das Hexenstäffele, einen Treppenweg,

erreichen Sie nach 528 Stufen den Gipfel. Oder Sie fahren mit der Turmbergbahn hinauf, der ältesten noch im Betrieb befindlichen Standseilbahn Deutschlands. Das dort oben angesiedelte Weingut erlebte über die Jahrhunderte eine wechselvolle Geschichte und wurde Ende der 1880er-Jahre an die vormals eigenständige Stadt Durlach abgetreten. Seit 1993 hat die Landeskreditbank Baden-Württemberg die Geschicke des Weinguts übernommen. Heute werden 8,5 Hektar bewirtschaftet. Das Team des Staatsweingutes erwartet Sie im hofeigenen Weinladen mit großer Freundlichkeit. Im Sommer können Sie im schönen Innenhof auch einen herzhaften Flammkuchen genießen.

6,1 km | 7 Min ▶ Posseltstraße 19, 76227 Karlsruhe, Tel. 07 21/94 05 70. www.turmbergwein.de. Öffnungszeiten: Mo., Mi. und Fr. 8.30 bis 12.30 Uhr, Di. und Do. 15 bis 19 Uhr. Jeden 1. Samstag 10 bis 14 Uhr (nicht Januar und August). Weinproben nach Vereinbarung.

Die Weine   €

Neben fein balancierten Spätburgundern und Lembergern bietet das Staatsweingut frische, rassige Rieslinge und weiße Burgunderweine. Zu seinen Spezialitäten gehört vor allem der *Durlacher Turmberg Auxerrois Kabinett trocken* (9 €), der sehr floral, wie an weiße Lilien erinnernd, fein und balanciert daherkommt. Ein fruchtiger, frischer und wirklich leckerer Rosé ist der *Lemberger & Spätburgunder* (8 €). Gut gekühlt ist er einfach ein perfekter Sommerwein.

RESTAURANT ANDERS AUF DEM TURMBERG ⓔⓔⓔ

Der Titel „jüngster Sternekoch Deutschlands" ist zwar nicht mehr ganz aktuell, aber Sören Anders durfte ihn einige Zeit tragen. Viele kennen ihn aus dem Fernsehen, wo er immer wieder beim ARD-Buffet zu sehen ist. Vor wenigen Jahren hat er das allseits beliebte Restaurant auf dem Karlsruher Hausberg von der Familie Klenerts übernommen. Heute kocht er regionale Produkte auf moderne, von vielen Ländern inspirierte Art. Viele Genießer buchen anschließend auch gleich seine Kochkurse. Witzig finde ich im Sommer auch die Schleckeria – einen im Vorhof aufgestellten traditionellen Eiswagen mit hausgemachtem Eis. *Hauptgerichte ab etwa 33 €.*

6,7 km | 8 Min ▸ Reichardtstraße 22, 76227 Karlsruhe-Durlach, Tel. 07 21/4 14 59. www.anders-turmberg.de. Öffnungszeiten: Mo.–So. 17.30 bis 21.30 Uhr, Sa., So. und Feiertage 11.45 bis 13.30 Uhr.

HOTEL & RESTAURANT ZUM OCHSEN ⓔⓔ

Ein charmantes Stück Frankreich kam mit Anita und Gérard Jollit in die Mitte von Durlach. Seit 1981 führen sie ihr exzellentes Restaurant, inzwischen haben sie unter dem Dach des imposanten Fachwerkhauses sechs Zimmer ausgebaut. Die seit 1746 erhaltenen Dachbalken und stilvolle Details wie die nostalgische freistehende Badewanne prägen das eigenwillige Konzept. Champagne, Alsaca, Provence, Loire, Bordeaux und Bourgogne: Jedes Zimmer wurde nach einer französischen Weinregion benannt. Gourmets essen und trinken hier wie Gott in Frankreich, mit einer Prise badischer Tradition. Vom Feinschmecker-Frühstück bis zu köstlichen Menüs. Sommelier Serge Schentzel empfiehlt die passenden Weine. *Doppelzimmer mit Frühstück ab 135 €.*

2,8 km | 4 Min ▸ Pfinzstraße 64, 76227 Karlsruhe, Tel. 07 21/94 38 60. www.ochsen-durlach.de.

FÜR ENTDECKER >> *Machen Sie einen Abstecher zum Karlsruher Schloss und steigen Sie auf den Turm: Von dort oben können Sie besonders gut erkennen, dass die Innenstadt vor 300 Jahren nach dem Vorbild der Sonne angelegt wurde – mit Straßen, die wie Strahlen vom zentral gelegenen Schloss abgehen.* <<

Weingut Kopp

Vom Nebenerwerbs-Weinbauern zum Toperzeuger

Wie es früher in Baden üblich war, hatte die Familie Kopp Reben im Nebenerwerb. Im Herbst wurden die Trauben einfach bei der örtlichen Winzergenossenschaft ab-

geliefert. Ewald Kopp erzählte mir, wie in den 90er-Jahren seine absolut perfekten Weißburgundertrauben in der Genossenschaftskellerei mit den anderen Trauben zusammengeworfen wurden. Da blutete ihm dermaßen das Herz, dass er beschloss, sich als Quereinsteiger mit einem Weingut selbstständig zu machen. Innerhalb kürzester Zeit schaffte er es, sich mit konstant hoher Qualität unter den Toperzeugern zu etablieren. Heute führt sein Sohn Johannes die Stilistik konsequent fort. Die „normalen" Qualitäten sind absolut klar, sauber und trocken ausgebaut. Seine Burgunderweine haben Größe, sehr viel Extrakte und sind langlebig. Die Rebflächen des Weinguts konnten sie in den letzten Jahren nach und nach vergrößern, sodass Johannes Kopp heute stolze 20 Hektar bewirtschaftet.

6,6 km | 9 Min Ebenunger Straße 21, 76547 Sinzheim-Ebenung, Tel. 0 72 21/80 36 01. www.weingut-kopp.com. Öffnungszeiten: Mo.–Fr. 14 bis 18 Uhr, Sa. 10 bis 13 Uhr. Ruhetage: So. und Feiertage.

Die Weine Ⓔ Ⓔ

Mein Tipp: der Riesling *Feigenwäldchen*. Er erinnert an reife Melonen, Aprikosen, einfach Frucht pur – aber mit Tiefgründigkeit – und ist zu 8,90 € zu bekommen! Ein richtiges Erlebnis ist der *Sauvignon Blanc trocken* (11 €): Er duftet ganz unglaublich nach Holunderblüten und Cassis. Und alles, was er im Duft verspricht, hält er auch am Gaumen.

RESTAURANT LE JARDIN DE FRANCE €€€

Die Mitglieder der Elsässer Familie Bernhard waren noch keine 30 Jahre alt, als sie sich in Baden-Baden selbstständig machten. In schnellster Zeit wurden sie mit einem Michelin-Stern bedacht, den sie mittlerweile schon einige Jahre verteidigen. Ihr Restaurant im berühmten Goldenen Kreuz, direkt am Augustaplatz, verfügt über ein sehr elegantes Ambiente – tagsüber lichtdurchflutet und mit großen wunderschönen Bildern der Baden-Badener Künstlerin Andrea Baumgärtner dekoriert. Wie der Name des Restaurants es verspricht, ist die Küche französisch geprägt. Je nach Jahreszeit variiert die Speisekarte; und Sie bekommen immer die entsprechenden Weinempfehlungen von der Patronin Sophie Bernhard. Zu meinen Lieblingsgerichten gehört im Sommer das Carpaccio von der Jakobsmuschel oder im Herbst der Dom vom Hühnerei mit Trüffeln – einfach sagenhaft! Ein besonderer Tipp ist das Mittagsmenü im Sterne-Restaurant: das 3-Gänge-Menü für 35 €. *Hauptgerichte etwa 42 €.*

10,6 km | 13 Min Lichtentaler Straße 13, 76530 Baden-Baden, Tel. 0 72 21/3 00 78 60. www.lejardindefrance.de. Öffnungszeiten: Di.–Sa.12 bis 14 und 19 bis 21.30 Uhr. Ruhetage: Januar und Februar So., Mo. und Di; März bis Dezember So. und Mo. (außer an Feiertagen).

HOTEL AM MARKT €

Selbstverständlich gibt es viele schöne Hotels in Baden-Baden. Angefangen vom legendären Brenners Parkhotel übers Dorint bis – ja, bis zum sympathischen kleineren Hotel Am Markt mitten in Baden-Baden. Das hübsche, feine Privathotel in Familienbesitz bietet nette adrette Zimmer zu angenehmen Preisen. Ideal ist natürlich, dass Sie zu Fuß ruck, zuck in den Thermen, der Innenstadt, in den gemütlichen Restaurants sind. *Doppelzimmer mit Frühstück ab 90 €, plus Kurtaxe 3,50 €/Person.*

9 km | 13 Min Marktplatz 18, 76530 Baden-Baden, Tel. 0 72 21/2 70 40. www.hotel-am-markt-baden.de.

FÜR ENTDECKER >> *Natürlich ist das Festspielhaus von Baden-Baden – eines der besten und größten Opernhäuser der Welt – kein Geheimtipp. Aber was viele nicht wissen: 80 Minuten und 30 Minuten vor jeder Aufführung gibt es einen sehr, sehr lohnenswerten Einführungsvortrag von Dariusz Szymanski. Danach verstehen Sie sogar die Zwölftonmusik.* <<

Jacob Duijn

„Pinot Noir ist mein Leben!"

Den Holländer Jacob Duijn muss man kennengelernt haben. Ursprünglich ließ er sich im Herzen von Baden nieder, weil er im Schlosshotel Bühlerhöhe als Chefsom-

melier tätig war. Dann wechselte er als Geschäftsführer zu einer der alteingesessenen Weinhandelsfirmen. Wenn er von seinen zahlreichen Reisen zurückkehrte, legte er immer in den Reben des Bühlertaler Engelsfelsen einen Stopp ein. Als der dortige Winzer ihm erzählte, dass er den Weinberg aus Altersgründen abgeben wolle, entschloss sich Duijn, den Rebgarten zu übernehmen. In den ersten Jahren produzierte der Autodidakt einen

einzigen, hochpreisigen Spätburgunder. 20 Jahre später hat er den Weinbau komplett auf biologisch-dynamische Bewirtschaftung umgestellt und das Sortiment etwas erweitert. Obendrein hat er die schöne Vinothek ET CETERA mitten in Bühl angegliedert, in der Sie auch internationale Weine erwerben können.

 4,3 km | 6 Min ▶ Erlenstraße 38/Froschbächel, 77815 Bühl, Tel. 0 72 23/2 14 97. www.weingut-duijn.com. Öffnungszeiten: Di.–Fr. 14 bis 19 Uhr, Sa. 10 bis 13 Uhr, Mo. nach Vereinbarung.

Die Weine € € €

Der Spitzenwein trägt die Bezeichnung *Pinot Noir SD* – „sau-deuer", wie Duijn schmunzelnd sagt. Mit 47 € gehört er zu den „Weihnachtsweinen", aber auch zu den besten Rotweinen Deutschlands. Er verfügt über großes Potenzial und duftet nach Zimt, Kardamom und Kreuzkümmel. Am Gaumen spüren Sie seine Mineralität und Kraft, gepaart mit spielerischer Eleganz. Schlanker, und mit 17 € bezahlbarer, aber immer noch geschliffen und fein ist der *Pinot Noir Laufer Gut Alsenhof*.

RESTAURANT LAMM ⓔ ⓔ

Der gebürtige Österreicher Ludwig Bechter erarbeitete sich seine Meriten bei Eckart Witzigmann und erkochte sich schon jung als Küchenchef in der Alten Stadtmühle in Schopfheim und im Schlosshotel Bühlerhöhe die höchsten Auszeichnungen. Mit seiner Frau Elfriede Deiss entschied er sich, die Sternegastronomie gegen eine eigene, bodenständige Gastwirtschaft einzutauschen. In seinem liebevoll restaurierten Restaurant Lamm im Bühler Ortsteil Kappelwindeck kocht er beispielsweise Geräuchertes Schweinebäckchen auf Sauerkraut mit kleinen Rösti-Ecken oder Gebratene Blutwurst mit einem Feldsalat und süß-saurem Ingwerkürbis. Großer Beliebtheit erfreuen sich auch seine Kochkurse, bei denen Sie immer wieder viele Tipps und Kniffe mitnehmen. *Hauptgerichte etwa 23 €.*

7,2 km | 10 Min Kappelwindeckstraße 15, 77815 Bühl, Tel. 0 72 23/90 01 80. www.lamm-buehl.de. Öffnungszeiten (warme Küche): Mi.–Sa. 18 bis 22 Uhr, So. und Feiertag 11.30 bis 14 und 18 bis 21 Uhr. Ruhetage: Mo. und Di.

POSPISILS GASTHOF KRONE ⓔ

Die sechs Zimmer hier sind verspielt gestaltet und auch nicht teuer. Die eigentlich traditionelle Ausstattung wurden nett mit Blümchentapeten und farbigen Details aufgepeppt. Auf dem Parkplatz sehen Sie, dass viele Gäste auch von weiterher kommen – in erster Linie wegen der exzellenten Küche von Pavel Pospisil. Mancher Gourmet erinnert sich noch, wie der gebürtige Tscheche im Badener Rebland im Restaurant Merkurius groß aufkochte. Im Laufe der Jahre wurde er immer bodenständiger und betreibt seit einigen Jahren die Krone im Bühler Ortsteil Oberbruch. Und nach einer guten Flasche Wein ist es nicht verkehrt, eines der Zimmer zu buchen. *Doppelzimmer mit Frühstück 85 €.*

1,3 km | 2 Min Seestraße 6, 77815 Bühl-Oberbruch, Tel. 0 72 23/9 36 00. www.pospisils-krone.de.

FÜR ENTDECKER >> *Im Frühherbst findet das Bühler Zwetschgenfest statt: Am zweiten Septemberwochenende gibt es nicht nur einen großen Jahrmarkt, sondern auch ein „Weindorf", in dem lokale Weine, aber auch viele Zwetschgenspezialitäten angeboten werden.* <<

Hex vom Dasenstein

Junge, innovative Kellerei mit hübschem Weinshop

Vielleicht haben Sie schon mal eine Flasche *Hex vom Dasenstein* mit der Hexe auf dem Etikett in den Händen gehalten? Ein beliebtes Touristen-Souvenir. Allerdings

können die Kappelrodecker Weinbauern mit ihren Rebgärten am Fuß des Schwarzwalds auch ganz anders: Ihr Winzerkeller gehört zur Zeit zu den innovativsten Kellereien in ganz Baden. Nicht nur die Qualitäten überzeugen, sondern auch die Ausstattung der Weine wirkt sehr edel. Der Betriebsleiter und Önologe Marco Könninger hat ein Faible für Badens Burgunderweine, insbesondere für die Paradesorte Spätburgunder. Vor einigen Jahren hat er eine weitere, als eigenständiges Weingut geführte Weinlinie geschaffen, Villa Heynburg, bei der die Stilistik eher französisch wirkt. Der schicke Weinshop Hex vom Dasenstein jedenfalls lädt zum Probieren und Weinkaufen ein, er ist eine richtige Weinerlebniswelt.

9,6 km | 10 Min Burgunderplatz 1, 77876 Kappelrodeck, Tel. 0 78 42/9 93 80. www.dasenstein.de. Öffnungszeiten (Mai–Dezember): Mo.–Fr. 8 bis 12 und 13.30 bis 17.30 Uhr, Sa. 9 bis 13 Uhr, So. 10 bis 13 Uhr.

Die Weine €

Unbedingt sollten Sie den Spätburgunderrotwein *Spätlese Alte Reben* verkosten. Er duftet verführerisch, erinnert an dunkle Schokoladen und schwarze Kirschen, am Gaumen wirkt er samtig und weich. Oder probieren Sie den *Spätburgunder von der Villa Heynburg*. Er ist sehr subtil und hat einen Duft wie Brombeermarmelade, Kakao, Pfeffer sowie frische Kräuter. Obwohl er eine so wärmende Wirkung verströmt, wirkt er dabei auch sehr elegant.

CAFÉ-RESTAURANT ZUCKERBERGSCHLOSS ©©

Für Süßschnäbel bietet das Schwarzwälder Rotweindorf Kappelrodeck ebenfalls eine gewaltige Attraktion: das auf dem Berg thronende Zuckerbergschloss. Unbedingt müssen Sie hier die Schwarzwälder Kirschtorte probieren oder die verschiedenen Waffeln oder Apfelstrudel. Zauberhaft wirkt es in dem Schlösschen, und nicht selten wird es deshalb auch für Hochzeiten genutzt. Im Sommer sitzen Sie unterm Pagodenzelt und werden dem Alltag regelrecht entfliehen. *Hauptgerichte ab etwa 16 €.*

10 km | 10 Min Grüner Winkel 60, 77876 Kappelrodeck, Tel. 0 78 42/34 34. www.zuckerbergschloss.de. Öffnungszeiten: 11 bis 18.30 Uhr. Ruhetage: Mo. und Di.

GASTHOF RESTAURANT REBSTOCK ©©

Schon optisch ist der alte, ehrwürdige Rebstock im wunderschön erhaltenen Fachwerkhaus eine Augenweide. Und wenn Sie erst einmal dort zu Gast waren, werden Sie ihn bestimmt vielen Freunden empfehlen. Die Zimmer sind hübsch und komfortabel, in hellem Holz ausgebaut und mit liebevollen, fast schon alpin anmutenden Details versehen, zum Beispiel mit rotweiß karierten Stoffen. Auch das Restaurant wirkt heimelig, es sieht aus wie in einer Puppenstube, und Sie sitzen unterm Herrgottswinkel. Die Küche ist vom Feinsten: Gugelhupf von Zander und Salm steht zum Beispiel auf der Karte oder auch Gefülltes Zicklein. Dazu muss man wissen, dass Küchenchef Karl Hodapp unter anderem zur legendären Zeit von Eckart Witzigmann im Aubergine in München gekocht hat. Zum Abschluss empfiehlt sich ein selbst gebrannter Schnaps vom Seniorchef Josef. *Doppelzimmer mit Frühstück ab 104 €.*

9,8 km | 10 Min Kutzendorf 1, 77876 Kappelrodeck, Tel. 0 78 42/94 80. www.rebstock-waldulm.de.

FÜR ENTDECKER >> *Nicht versäumen sollten Sie in Kappelrodeck einen Besuch bei der Schnapsbrennerei Scheibel (Grüner Winkel 32). Die edlen Flaschen wirken wie teure Parfümflakons. Und neben seinen hochprämierten hervorragenden Obstbränden bringt er auch Innovatives auf den Markt, etwa den exotisch aromatisierten Gin-Likör „Ginie".* <<

Freiherr von und zu Franckenstein

Kein alter Adel, aber jahrzehntealtes Wein-Know-how

Einen Franckenstein gibt es im Weingut nicht mehr, dafür aber die sehr fleißige Familie Huschle. Der Gutsname rührt natürlich daher, dass sich das Gut lange Zei-

ten im Besitz derer von und zu Franckenstein befand. Doch 2008 erfüllten sich die Huschles hier ihren lang ersehnten Traum vom eigenen Weingut. Georg Huschle kannte man in Baden lange Jahre als den Kellermeister der Affentaler Winzergenossenschaft. Sein Sohn Stefan studierte in Geisenheim und leitet heute mit großem Enthusiasmus das Weingut. Meines Erachtens hat der junge, sympathische Kellermeister mittlerweile seinen eigenen Stil gefunden. Seine Rieslinge spiegeln die unterschiedlichen Lagen wider, und die Burgundersorten wirken wie eine große Spielwiese.

5, 2 km | 8 Min ▷ Weingartenstraße 66, 77654 Offenburg, Tel. 07 81/3 49 73. www.weingut-von-franckenstein.de. Öffnungszeiten: Mo.–Fr. 9 bis 12 und 14 bis 18 Uhr, Sa. 9 bis 13 Uhr.

Die Weine ⓔ ⓔ

Ein grandioser Rotwein ist der *Zweigelt*. Tiefschwarz in der Farbe, mit einer Duftfülle von Wacholder, Lorbeer und weißem Pfeffer. Beim Trinken spüren Sie seine beerige Aromatik, und trotz der Fülle wirkt der Wein geschliffen und feminin. Wer die Rotweine etwas leichter mag, kommt beim *Neugesetz Spätburgunder Rotwein Erste Lage* auf seine Kosten. Er duftet wie ein Korb voller Kirschen und Himbeeren – und schmeckt auch so. Bei den Weißweinen haben Sie die Qual der Wahl zwischen Weiß- und Grauburgunder sowie Riesling. Exzellent der *Marienquelle Riesling Großes Gewächs* – eine unglaublich konzentrierte Frucht, auch am Gaumen.

RESTAURANT BLUME ⓔⓔ

So oft denke ich: Gott sei Dank gibt es noch die originalen Gaststuben! Schon allein deshalb lohnt sich ein Abstecher zur Blume in den Offenburger Stadtteil Rammersweiler. Neben einer saisonal geprägten Speisekarte bieten Christa und Alfred Krammer auch drei verschiedene Menüs an. Im Sommer ist es ein besonderer Genuss, in ihrem Blumengarten zu sitzen. Außerdem bietet das alte Fachwerkhaus adrette, helle Zimmer, die nach verschiedenen Blumen unterschiedlich gestaltet wurden. *Hauptgerichte ab etwa 22 €, 3-Gänge-Menü etwa 33 €.*

6,6 km | 11 Min Weinstraße 160, 77654 Offenburg, Tel. 07 81/3 36 66. www.gasthof-blume.de. Öffnungszeiten (warme Küche): Di.–Sa. 11.30 bis 14 und 17.30 bis 21.30 Uhr, So. 11.30 bis 14 Uhr. Ruhetag: Mo.

HOTEL RITTER DURBACH ⓔⓔⓔ

Wenn von den besten Gasthäusern Badens gesprochen wurde, gehörte der Ritter in Durbach schon immer dazu. Nach wechselvoller Geschichte war das Hotel 100 Jahre in Händen der Familie Brunner – deren Soufflé war übrigens legendär. 2008 übernahmen die Hoteliers Dominic und Ilka Müller das Traditionshaus. Sie haben es durch und durch renoviert und mit viel Geschick moderne Elemente integriert. 2013 folgte ein Neubau mit 40 richtig tollen Zimmern. Das Gourmetrestaurant Wilder Ritter, seit 2009 mit Michelin-Stern, wurde innovativ umgestaltet. Regional speisen Sie exzellent in der Ritter Stube oder im Ritter Keller. Zu den großen Highlights gehören der wunderschöne Wellnessbereich und die Möglichkeit, einen Oldtimer für eine Spritztour zu mieten. *Doppelzimmer mit Frühstück ab 150 €.*

11 km | 15 Min Tal 1, 77770 Durbach, Tel. 07 81/9 32 30. www.ritter-durbach.de.

FÜR ENTDECKER >> *Unbedingt empfehlen möchte ich Ihnen einen Abstecher in das idyllische Schwarzwald-Städtchen Gengenbach mit seinen Fachwerkhäusern. Ein Highlight im Winter: Der Weihnachtsmarkt dort ist ungemein stimmungsvoll.* <<

Wöhrle (Stadt Lahr)

Mit biologischem Weinbau zur Top-Qualität

Manche kennen das Weingut noch mit dem Namen Stadt Lahr. Seit diesem Jahr tragen die – neu gestalteten – Etiketten den Namen Wöhrle. Schon in den 80er-

Jahren stellte Hans Wöhrle auf ökologischen Weinbau um. Er gehörte zu den ersten, die bewiesen, dass sich mit biologischer Arbeitsweise die Qualität noch ein Schräubchen höher drehen lässt. Belohnt wurde er sicherlich mit der Aufnahme in den Verband der Deutschen Prädikatsweingüter (VDP), dem Zusammenschluss von Deutschlands rund 200 Topweingütern. Sohn Markus, der seit einigen Jahren für die hohe Qualität der Weine bürgt, hat

unter anderem einige Jahre als rechte Hand des legendären deutschen Kellermeisters Hans-Günther Schwarz gearbeitet. Die Weine von ihm und seiner Frau Tanja sind durch die Bank sehr anspruchsvoll, mineralisch und tiefgründig.

5,3 km | 8 Min ▶ Weinbergstraße 3, 77933 Lahr/Schwarzwald, Tel. 0 78 21/2 53 32. www.weingut-stadt-lahr.de. Öffnungszeiten: Mo.–Fr. 17 bis 19 Uhr, Sa. 10 bis 14 Uhr.

Die Weine ⓔ ⓔ

Das Preis-Leistungs-Verhältnis ist eine Sensation! Hoffentlich haben Sie genug Platz im Auto. Sie müssen den *Grauburgunder Ortswein* probieren, er duftet wie frische Birnen und beeindruckt mit enormer Mineralität. Oder den *Auxerrois*, der leider immer viel zu schnell ausverkauft ist. Zu den besten Burgunderweinen weit und breit gehört für mich der *Grauburgunder Großes Gewächs* – er ist unglaublich rund, sein Duft erinnert an Karamell und Lebkuchengewürz. Am Gaumen spüren Sie seine enorme Konzentration und Tiefe, und er bleibt ewig lang im Nachhall.

RESTAURANT UND HOTEL ADLER €€€

Otto Fehrenbacher ist schon immer ein leidenschaftlicher Genusskoch gewesen, obwohl man ihm das gar nicht ansieht – er hält sich einfach schlank. Bereits 1989 erwarb er einen Michelin-Stern, den er bis heute pflegt. Mittlerweile kann Fehrenbacher alles noch entspannter sehen – seit 2006 kocht sein Sohn Daniel zu Hause mit, beziehungsweise übernahm 2010 die Küchenleitung. Wie sein Vater kochte er in Illhaeusern in der berühmten Auberge de l'Ill. Er machte Station bei Alain Ducasse in Paris, im Pont de Brent am Genfer See und in der Patisserie Litzler Vogel in Straßburg. Ebenso hat Pia Fehrenbacher mit ihrer Schwiegertochter Kerstin eine perfekte Ergänzung. Die Sommelière sorgt umsichtig für die richtige Weinbegleitung, sodass sich alle Gäste rundherum wohlfühlen. Wer es etwas bodenständiger mag, kehrt im ebenfalls zum Haus gehörenden, pfiffig eingerichteten Gasthaus ein. Ein großzügiges Hotel gehört auch dazu: Die Zimmer wurden allesamt mit schönem Holz ausgestattet, und mit den roten und grünen Farbtupfern sind sie sehr ansprechend und modern. Für einen längeren Aufenthalt mit der Familie gibt es auch eine sehr nette Ferienwohnung am Waldrand.
Hauptgerichte etwa 42 €.

11,6 km | 16 Min Reichenbacher Hauptstraße 18, 77933 Lahr/Reichenbach, Tel. 0 78 21/90 63 90, www.adler-lahr.de. Öffnungszeiten: Restaurant Mi.–Sa. 18.30 bis 22 Uhr, So. und Feiertag auch mittags. Ruhetage: Mo. und Di. Gasthaus 12 bis 14 Uhr (außer Dienstag) und 18 bis 22 Uhr.

HOTEL UND RESTAURANT GRÜNER BAUM €

Helle, freundliche Zimmer, mit schönen Naturhölzern eingerichtet, und das bei recht kommoden Preisen – schon allein deshalb lohnt sich der Abstecher zum Grünen Baum. Hier ist es so schön bodenständig badisch. Zum Essen sitzen Sie in der guten Stube oder unter dem Kastanienbaum auf der wunderschönen Terrasse. Auf den Tisch kommt Saures Leberle nach Mutters Art oder Medaillon vom Rehrücken mit Wirsingknöpfle und Kartoffel-Pilzstrudel. Familie Feger bereitet alles frisch mit regionalen Produkten zu – immer mit viel Finesse.
Doppelzimmer mit Frühstück ab 75 €.

8,5 km | 11 Min Burgheimerstraße 105, 77933 Lahr, Tel. 0 78 21/2 22 82. www.gruenerbaum-lahr.de.

Andreas Bieselin

Ein richtiger Geheimtipp

Im Jahr 2002 startete der damals erst 22-jährige Andreas Bieselin mit seinem eigenen Weingut. Obwohl er so jung war, hatte er schon Erfahrungen bei den besten

Winzern gesammelt: dem Weingut Huber in Malterdingen und auf Poggio al Sole in der Toskana. Seine anfangs nur einen halben Hektar große Rebfläche konnte er in den letzten Jahren auf sechs Hektar erweitern. Gott sei Dank. Denn seine Weine sind immer ruck, zuck ausverkauft. Drei Weinlinien unterscheiden die Qualitätsstufen: „Blatt" als Basis, „Stamm" als raffiniertere, hochwertigere Linie und „Wurzel" als Spitze des Sortiments. Insgesamt wirken Bieselins Weine sehr modern in der Stilistik. Winzern wie ihm ist es zu verdanken, dass sich die Weinregion Breisgau zum absoluten Publikumsmagneten gewandelt hat. Noch vor wenigen Jahren hatte sie niemand im Blickfeld; doch mit starken Winzerkollegen hat sich Bieselin zu den „13 Breisgauer Weingütern" zusammengeschlossen. Entsprechend findet ein reger Austausch statt, zudem gemeinsame Verkostungen, Wein-Picknicks oder Küchenfeste.

7,1 km | 7 Min ▶ Im Brünnelinsgraben 1, 77955 Ettenheim, Tel. 0 78 22/44 63 19. www.andreas-bieselin.com. Öffnungszeiten: nach Absprache, auch kurzfristig.

Die Weine €

Sensationell finde ich immer den *Auxerrois Stamm*, der sowohl frische, fruchtige Aromen zeigt, aber auch an Rosen erinnert. Am Gaumen wirkt er schlank und fein wie eine Ballerina. Aber auch der leichte *Müller-Thurgau* zu 6,50 € aus der Reihe Blatt macht richtig Spaß. Sein duftiges Bukett erinnert etwas an frisch geriebene Muskatnuss, und er trinkt sich leicht mit nur 11 % Alkohol.

RESTAURANT IM WEINGUT WEBER € €

Die Familie Weber gibt es in Ettenheim schon in der dritten Generation, und immer standen und stehen ihre Türen offen: sei es für Weinproben, gutes Essen oder neuerdings auch für Segwaytouren. Im vergangenen Jahr haben sie ihren neuen Keller fertiggestellt – eine 50 Meter lange Fassade aus Glas, 10 000 Kubikmeter umbauter Raum, und alles sehr gefühlvoll in die Landschaft eingepasst. Willkommen sind Sie hier praktisch jederzeit, und zwischen Mittwoch und Sonntag lohnt es sich, im Restaurant einzukehren. Zu ihrem tollen Sauvignon Blanc kann ich Ihnen das Dreierlei vom Lachs als Terrine (gebacken und mariniert) empfehlen oder auch einmal das vegetarische Menü. Am besten nehmen Sie sich dann noch eine Flasche des fruchtigen *Sauvignon Blanc SE* trocken zu 8 € mit. Oder den hervorragenden *Grauburgunder SE trocken* zu 7,50 €, ein komplexer, kraftvoller Wein mit viel Schmelz und langem Nachhall. *Hauptgerichte ab etwa 17 €.*

3,7 km | 6 Min Im Offental 1, 77955 Ettenheim, Tel. 0 78 22/89 48 13. www.weingut-weber.com. Öffnungszeiten: Mi.–So. 11.30 bis 14 und ab 18 Uhr. Ruhetage: Mo. und Di. (außer an Feiertagen).

HOTELS UND RESTAURANTS IM EUROPA-PARK RUST € € €

Den Europa-Park mit allen gastronomischen Leistungen zu beschreiben, sprengt unseren Rahmen. Schon bei den Hotels haben Sie die Qual der Wahl zwischen wunderbaren, einzelnen Kulturen nachempfundenen Häusern, zum Beispiel dem Colosseo mit Zimmern mit italienisch-römischem Flair sowie landestypischen Restaurants und Cafés. Entspannen können Sie dort – wie in allen Hotels – in einem atemberaubenden Wohlfühlbereich mit Poollandschaft. Das neueste Hotel, Bell Rock, im New-England-Look bietet im Leuchtturm eine John-F.-Kennedy-Suite. Besser kann auch ein amerikanischer Präsident nicht wohnen. Mindestens genauso verwöhnt werden Sie hier kulinarisch, ob in dem mit zwei Michelin-Sternen ausgezeichneten Fine-Dining-Restaurant Ammolith – The Lighthouse Restaurant, in den landestypischen Restaurants oder auch im Park selbst. *Doppelzimmer mit Frühstück ab etwa 200 €.*

4,4 km | 5 Min Europa-Park-Straße 2, 77977 Rust, Tel. 0 78 22/77 66 88. www.europapark.de/hoteluebersicht.

Weingut Huber

Winzer-Kaderschmiede des Breisgaus

In der Fachwelt ist man sich einig: Der Breisgau ist mittlerweile eine der ganz spannenden Weinregionen. Ihr Pionier war der so sympathische Bernhard Huber. Wie

früher üblich, brachten er und seine Frau Barbara die Trauben zur örtlichen Genossenschaft. Ende der 80er-Jahre entschlossen sie sich dann, ihre Weine selbst auszubauen. Wie im Flug etablierten sich ihre Chardonnays und Spätburgunder bei den Spitzenweinen Deutschlands. Inzwischen schätzt man Hubers Weine auch international. In den 90er-Jahren bauten Bernhard und Barbara Huber eine supermoderne und wegweisende Kellerei. Sie gelten als regelrechte Kaderschmiede, viele der besten Winzer haben hier ihr Handwerk erlernt. Mittlerweile lenkt Sohn Julian zusammen mit Mama Barbara die Geschicke des Weinguts.

4,3 km | 8 Min Heimbacher Weg 19, 79364 Malterdingen, Tel. 0 76 44/9 29 72 20. www.weingut-huber.com. Öffnungszeiten: Mo.–Fr. 14 bis 18 Uhr, Sa. 10 bis 12 Uhr.

Die Weine € € €

Als der beste und berühmteste Spätburgunder gilt der *Wildenstein Großes Gewächs* zu 120 €. Ich kann Ihnen jedoch auch den *Malterdinger Spätburgunder* zu 16,80 € empfehlen – ein himmlisch fruchtiger, geschliffener Rotwein, der wie ein Korb voller Kirschen duftet. Aber bei Hubers schmeckt vom Alltagswein bis zur den Großen Gewächsen einfach alles köstlich!

MERKLES RESTAURANT €€€

Wenn Sie nach Süden unterwegs sind, lohnt es sich auf alle Fälle, einen Ausflug nach Endingen zu machen. Ein richtig zauberhaftes Kaiserstühler Örtchen mit altem Kopfsteinpflaster, einem wunderschönen Stadttor und schönen Häusern. Direkt an der Straße liegt auch Merkles Restaurant, das die größten Auszeichnungen trägt: einen Michelin-Stern, 17 Punkte im Gault Millau (!) und drei F im Feinschmecker. Dort passt aber auch alles zusammen. Simone Merkle-Dinger schafft in dem alteingesessenen Haus ein absolut modernes, sehr ansprechendes Ambiente. Und Thomas Merkle könnte auch als Küchenzauberer auftreten. Er kocht klassische und regionale Gerichte, die er einfach in die Neuzeit versetzt. Bestens werden Sie natürlich auch bei der passenden Weinauswahl beraten.
Hauptgerichte ab etwa 25 €, 2-Gänge-Menü etwa 33 €.

4,8 km | 5 Min Hauptstraße 2, 79346 Endingen am Kaiserstuhl, Tel. 0 76 42/79 00. www.merkles-restaurant.de. Öffnungszeiten: Di.–Sa. 12 bis 14 und 18 bis 22 Uhr. Ruhetage: Mo. und So.

GASTHAUS ZUR KRONE €

Für Radfahrer wäre der Ausflug ein bisschen anstrengend, denn von der Autobahnausfahrt aus führt der Weg zur Krone schnurstracks hinauf in den Schwarzwald. Aber es ist herrlich idyllisch! Seit 1796 wird der wunderschön gelegene Gasthof von der Familie Kern betrieben, mittlerweile in der neunten Generation. Seine regionalen Spezialitäten sind von ganz besonderer Güte, und die Auswahl der Produkte liegt ihm ganz besonders am Herzen. In himmlischer Ruhe schlafen Sie in hübsch gestalteten hellen Zimmern. Teilweise sind diese auch mit geräumigen Balkonen in Südwestrichtung ausgerichtet. *Doppelzimmer mit Frühstück ab 75 €.*

12,7 km | 15 Min Mußbach 6, 79348 Freiamt, Tel. 0 76 45/227. www.krone-freiamt.de.

FÜR ENTDECKER >> *Statten Sie unbedingt Riegel am Kaiserstuhl und seinem Archäologischen Museum einen Besuch ab. Es entführt zurück in jene Zeit, als sich der Ort im 1. Jahrhundert zu einem bedeutenden Verwaltungszentrum der Römer entwickelte.* <<

Köbelin

Jung, kreativ und sehr erfolgreich ...

... diese Attribute treffen auf Arndt Köbelin absolut zu! Der gelernte Winzer und Kellermeister arbeitete bei den besten Weingütern im In- und Ausland, bevor er

2005 mit seiner Frau Monika den elterlichen Betrieb übernahm. 2011 baute er ein sensationell schönes und modernes Weingut. Während Traubensaft und Most früher quer durch den Keller gepumpt wurden, versucht man dies jetzt tunlichst zu vermeiden. Die Keller sind über mehrere Etagen gebaut, sodass Trauben und Moste mit Unterstützung der Schwerkraft absolut schonend verarbeitet werden. Der Neubau könnte auch in Kalifornien oder Südafrika stehen, so innovativ wirkt er. Die Materialen entsprechen dem heutigen Architekturgeschmack: Glas, Löss, Eichenholz und Stahl. Hinter einer fünf Meter hohen Lösswand befindet sich eine Treppe, zum Dach, wo man einen Rundblick von 360 Grad genießen kann! Mit dem passenden Glas Wein in der Hand.

 6,5 km | 10 Min ▶ Altweg 131, 79356 Eichstetten am Kaiserstuhl, Tel. 0 76 63/14 14. www.weingut-koebelin.de. Öffnungszeiten: Do. und Fr. 9 bis 12 und 15 bis 18 Uhr, Sa. 9 bis 12 Uhr und nach Vereinbarung.

Die Weine € €

Aufmerksam wurde ich auf Köbelin, als ein sehr guter Weinhändler von dessen Scheurebe schwärmte. Und ich kann es nur bestätigen: Die Scheurebe nimmt es locker mit einem exzellenten Sauvignon Blanc auf. Als Wein für jeden Tag bietet Köbelin einen leckeren *Rivaner* zu 5,50 €, und einen fruchtig klaren, sehr bekömmlichen Winzersekt *Pinot Brut Privat Cuvée* zu 11,50 €. Wobei Köbelins Schwerpunkt aber absolut auf den Burgunderweinen liegt.

RESTAURANT PARKHOTEL KRONE MALECK ⓔⓔⓔ

Bestimmt haben Sie schon mal vom Parkhotel Krone im Emmendinger Stadtteil Maleck gehört – oder zumindest von den Flamingos im Garten. Schon in den 70er-Jahren hatte das Haus einen hervorragenden Ruf als Feinschmeckertempel. Heute wirkt alles etwas lockerer, aber das Ambiente ist geblieben. Die Speisekarte ist üppig – jeder kommt auf seine Kosten, ob es ein Dreierlei von der Gänsestopfleber mit grünen geschroteten Kakaobohnen ist oder Praline vom Ziegenfrischkäse im Filoteig. Es gibt auch ganz verschiedene Menüs. Die 25 Zimmer des Hotels sind stilvoll eingerichtet und in warmen Gelb- und Rottönen gehalten, in denen man sich sehr wohl fühlt. *Hauptgerichte etwa 26 €.*

9,8 km | 15 Min Brandelweg 1, 79312 Emmendingen–Maleck, Tel. 0 76 41/9 30 96 90. www.kronemaleck.de. Öffnungszeiten (warme Küche): Mo. ab 18 Uhr, Di.–Sa. 12 bis 14 und ab 18 Uhr, So. 8 bis 13 und ab 17 Uhr.

LANDGASTHOF REBSTOCK ⓔ

Familie Gehring kennt man für ihre gute regionale Küche. Die Qualität ihrer Produkte überlassen sie keinesfalls dem Zufall – die Fische beziehen sie von einem Forellenzuchtbetrieb aus der Ortenau, das Wild überwiegend aus heimischer Jagd. Für jeden Geldbeutel gibt es etwas Passendes: einfache Gerichte ab 5 € oder ein Menü zu 32 €: Bärlauchsuppe mit Garnelenravioli, dann Kabeljaufilet auf Spargelspitzen, im Hauptgang Kalbsrückensteak mit frischem Spargel sowie Erdbeerparfait im Schokoladengitter. Die 24 Zimmer sind im Landhausstil gehalten, und Sie haben auch die Möglichkeit, für eine kleine Spritztour Fahrräder zu mieten. *Doppelzimmer mit Frühstück ab 77 €.*

4,5 km | 7 Min Wirtstraße 2, 79331 Teningen-Bottingen, Tel. 0 76 63/9 35 00. www.rebstock-bottingen.de.

FÜR ENTDECKER >> *Nehmen Sie sich Zeit für eine Wanderung im Kaiserstuhl. Aufgrund der vulkanischen Vergangenheit des Gebirges findet sich dort eine einzigartige landschaftliche Vielfalt: Rebterrassen, Halbtrockenwiesen, Lösshohlwege. Auch Flora und Fauna sind ein Erlebnis.* <<

Jürgen Landmann

Ökologische Erfolgsgeschichte

Jürgen Landmann kennt man für ökologischen Weinbau, hinter dem er seit Jahren ganz und gar steht. Der Erfolg gibt ihm Recht. 1995 begann er mit zwei Hektar Rebflächen, heute kann er stolze 26 Hektar sein eigen nennen. Schon früh begannen die Landmanns, auch internationale moderne Rebsorten anzubauen. So kultivieren sie schon seit 1995 Chardonnay und seit 1997 Cabernet Sauvignon. In den letzten Jahren befasst sich die Familie auch mehr mit PIWIs (Pilzresistenten Rebsorten), die nur noch selten gespritzt werden müssen und somit für den ökologischen Weinbau sehr interessant sind. Wenn Sie sich einmal durch das ganze Sortiment der Landmanns durchprobiert haben, können Sie in einer ihrer sieben großzügigen Ferienwohnungen übernachten. Oder noch besser: Planen Sie gleich ein paar Extra-Tage ein. Die Ferienwohnungen sind bestens ausgestattet, und das zu sehr annehmbaren Preisen!

6,3 km | 10 Min ▸ Umkircher Straße 29, 79112 Freiburg-Waltershofen, Tel. 0 76 65/67 56. www.weingut-landmann.de. Öffnungszeiten: Mo.–Fr. 8 bis 19 Uhr, Sa. 8 bis 18 Uhr. Und nach Vereinbarung.

Die Weine ⓔ ⓔ

Probieren Sie unbedingt den *Cabernet Sauvignon*, ein mächtiger Rotwein mit unglaublich floralem Aroma; er erinnert auch an Waldbeeren und dunkle Schokolade. Am Gaumen zeigt er sich, trotz seiner kräftigeren Art, sehr gut balanciert. Rund 40 Prozent der gesamten Rebfläche haben Landmanns mit ihrer wichtigsten Rebsorte, dem Spätburgunder, bestockt. Besonders gerne mag ich den *Spätburgunder Selektion SL aus der Freiburger Steinmauer*. Aus den über 35 Jahre alten Rebstöcken bringt er trotz seiner geschliffenen Art ordentlich Extrakte und Substanz mit. Er erinnert an Wildkirschen, auch am Gaumen, und trinkt sich weich und rund.

DREXLERS RESTAURANT €€

Ralph Schmidt gilt für die Freiburger Weinkenner schon lange als Institution. Sein Weingeschäft, das um die Ecke vom Freiburger Rathaus liegt, gehört zu den besten der Republik. Sie werden immer gut beraten, egal, ob es um einen Wein für jeden Tag geht, um einen Geheimtipp aus der Region oder um große Weine aus Burgund, Bordeaux, Spanien, Italien usw. Vor einigen Jahren entschloss sich Schmidt, in der Nähe des Hauptbahnhofs ein kleines Restaurant zu eröffnen. Wie Sie sich denken können, ist die Weinkarte sagenhaft, aber auch das Essen, für das Küchenchef und Mitinhaber Mario Fuchs verantwortlich ist. Ein bisschen an das benachbarte Frankreich angelehnt, bekommen Sie auch ein köstliches Bœuf Bourguignon sowie frische Fischgerichte. *Hauptgerichte ab etwa 10 €.*

7,1 km | 8 Min Rosastraße 9, 79098 Freiburg, 07 61/59 57 203. www.drexlers-restaurant.de. Öffnungszeiten: Mo.–Fr. 11.30 bis 14.30 und 18 bis 24 Uhr, Sa. 18 bis 24 Uhr (Küche: 11.30 bis 14 und 18 bis 22.30 Uhr). Ruhetage: So. und Feiertage. Reservierung erbeten.

HOTEL CLARION HIRSCHEN €€

Im Sommer gibt es kaum eine schönere Ecke als den Garten vom Hirschen in Lehen. Küchenchef Christian Laberer kocht seit 25 Jahren auf allerhöchstem Niveau badische Küche mit französischen und italienischen Einflüssen. Das Haus befindet sich unter Leitung von Cornelius Baumgartner (Restaurantmeister und gelernter Metzger) und Bruder Werner Baumgartner (Küchenmeister und Opernsänger) bereits in der sechsten Generation in Familienbesitz. 2005 haben sie sich einen langgehegten Wunsch erfüllt und ein wunderschönes 4-Sterne-Hotel dazugebaut. Die 70 Zimmer sind hell und im Stil ebenso mediterran wie der Spa-Bereich. *Doppelzimmer ab 127 €, plus Frühstück 15 €/Person.*

2,4 km | 3 Min Breisgauer Straße 47, 79110 Freiburg Lehen, Tel. 07 61/8 97 76 90. www.hirschen-freiburg.de.

FÜR ENTDECKER >> *Steigen Sie auf den spektakulären Turm des Freiburger Münsters! Der Schweizer Kunsthistoriker Jacob Burckhardt nannte ihn den „schönsten Turm auf Erden". Wieder unten angekommen, haben Sie sich auf dem Münsterplatz eine Bratwurst verdient.* <<

Heinemann

Ein bodenständiger, vorausblickender Familienbetrieb

Ich wurde auf den Familienbetrieb aufmerksam, weil er schon in den 90er-Jahren zu den ersten hervorragenden Chardonnay-Erzeugern gehörte. Die moderne Rebsor-

te bekam erst 1991 offiziell die Genehmigung für den badischen Weinbau. Just ein Jahr später hatten Heinemanns schon einen hervorragenden floralen, duftigen Chardonnay auf den Markt gebracht – normalerweise muss man bei Neuanpflanzungen drei Jahre auf den ersten Ertrag warten. Es stellte sich nämlich heraus, dass ihr sogenannter Weißburgunder eigentlich aus Chardonnay-Trauben war, deren Reben schon seit Jahrzehnten

in den Weinbergen standen! Entsprechend besitzt der Chardonnay aus alten Reben richtig Substanz und eine wunderbare Mineralität. Im Gegensatz zu manch internationalem Chardonnay ist er nicht so üppig und breit, sondern sehr elegant mit floralen Aromen. Übrigens besitzt das Gut auch alte Gutedel-Reben. Wenn Reben sehr alt sind, wurzeln sie sehr tief und bringen zwar weniger Ertrag, dafür aber konzentriertere und intensivere Weine hervor.

5,6 km | 7 Min ▶ Mengener Straße 4, 79238 Ehrenkirchen-Scherzingen, Tel. 0 76 64/63 51. www.weingut-heinemann.de. Öffnungszeiten: Mo.–Fr. 10 bis 12 und 13 bis 18 Uhr, Sa. 10 bis 16 Uhr.

Die Weine ⓔ ⓔ

Neben dem Chardonnay und dem Gutedel kann ich Ihnen die Spätburgunder empfehlen, besonders den aus alten Reben: Sein Duft erinnert an reife dunkle Kirschen und hat etwas Erdiges – wie wenn die Sonne beim Spazierengehen auf die Erde scheint. Mein Geheimtipp: Probieren Sie den *Muskateller Kabinett trocken.*

BAUERNSCHENKE UND BAUERNMARKT BÖTTCHEHOF

Sollten Sie es einrichten können, beim Böttchehof einen Stopp einzulegen, werden Sie noch lange begeistert sein. Die Familie Küchlin ist weithin für ihre hervorragenden Brände bekannt. Samstags können Sie beim Schnapsbrennen zuschauen und obendrein eine einzigartige Wurst – im Trester gekocht – schnabulieren, oder einen Flammkuchen, eine Kartoffelsuppe usw. Befreundete Landwirte bieten ihre Waren an. Für Kinder ist es immer wieder schön, dass sie die verschiedenen Tiere streicheln und beobachten können. Die neueste Spielwiese von Frank Küchlin ist der eigene Wolfenweiler Whisky, zweifach destilliert, anschließend in kleinen Burgunder-Barriques und zum Finish in gebrauchten Bourbon-Fässern aus Kentucky gelagert. *Hauptgerichte etwa 5 €.*

6,9 km | 7 Min Basler Straße 76a, 79227 Schallstadt-Wolfenweiler, 0 76 64/73 77. www.boettchehof.de. Verkauf von Destillaten: Mo.–Sa. 9 bis 12 und 14 bis 18 Uhr. Bauernschenke: Sa. 8 bis 15 Uhr und nach Vereinbarung. Bauernmarkt: Sa. 8 bis 13 Uhr.

SCHLOSS REINACH €€

250 Jahre war der großzügige und beindruckende Gutshof u.a. in den Händen der Familie von Kageneck. Erst 1991 wurde er in ein Hotel umgewandelt. Die heutigen Besitzer, Beatrix und René Gessler, haben es 2007 übernommen. Seither strahlt Schloss Reinach einen ganz besonderen Glanz aus: helle und freundliche Zimmer, sowie fantastische Suiten mit eigener Sauna. Gleiches gilt auch für die drei Restaurants: „s Herrehus" mit kreativer Gourmetküche, „s Badische Wirtshus" – Nomen est Omen, sowie das Bistro „Vivothek Limoncello". Mit das Schönste ist der großzügige Garten, da sitzen Sie fast wie auf einem Marktplatz in Italien. *Doppelzimmer mit Frühstück ab etwa 100 €.*

4,2 km | 8 Min St.-Erentrudisstraße 12, 79112 Freiburg-Munzingen, Tel. 0 76 64/40 70. www.schlossreinach.de.

FÜR ENTDECKER >> *Gerade, wenn im Herbst im Tal die „graue Suppe" hängt: Setzen Sie sich in die Seilbahn und wagen Sie einen Abstecher auf den Freiburger Hausberg, den Schauinsland. Er liegt nur zehn Kilometer südlich des Stadtzentrums.* <<

Martin Waßmer

Senkrechtstarter im Markgräflerland

Dem Namen Waßmer werden Sie gleich zweimal begegnen. Relativ zeitnah haben sich die Waßmer-Brüder selbstständig gemacht. Wie so oft tut die interne Konkur-

renz sehr gut. Beide haben in Windeseile ihre Weingüter an die Spitze der deutschen Toperzeuger katapultiert. Martin Waßmer brachte 1997 seinen ersten eigenen Wein auf den Markt. Wenige Jahre später stand er schon auf dem Siegertreppchen des deutschen Rotweinpreises. Seine Spätburgunder sind in der Stilistik absolut burgundisch. Zu besonderen Anlässen kann ich Ihnen seinen Syrah wärmstens empfehlen, der Rotwein ist kraftvoll, warm und duftet wie ein ganzer Korb voller Gewürze. Für Diskussionsstoff sorgt bei Kennern immer wieder die Frage, ob die Weiß- oder Rotweine des Guts die Besseren sind. Auf alle Fälle aber können Sie jeden, der deutschen Rotweinen skeptisch gegenübersteht, mit einem Waßmer-Wein überzeugen.

4,7 km | 5 Min Am Sportplatz 1, 79189 Bad Krozingen-Schlatt, Tel. 0 76 33/1 52 92. www.weingut-wassmer.de. Öffnungszeiten Weinprobierstube: April bis Juni täglich 8 bis 20 Uhr, ab Juli Mo.–Sa. 9 bis 12.30 und 13.30 bis 18 Uhr und nach Vereinbarung.

Die Weine ⓔ ⓔ ⓔ

Der *Spätburgunder SW* wirkt mit seiner warmen Art, an dunkle Schokolade und ätherische Öle erinnernd, wie ein richtiger Kaminwein! Nicht minder gut sind seine großen weißen Burgunderweine, wie Chardonnay oder Weiß- und Grauburgunder. Auch die einfachen Qualitäten sind dabei sehr empfehlenswert.

ZUR KRONE BIENGEN ⓔ ⓔ ⓔ

Nach Erfahrungen im Bareiss in Baiersbronn, in Schwarzmatt und im Römerbad hat Sascha Kölsch 2011 das Restaurant Krone im Bad Krozinger Ortsteil Biengen übernommen. Hier bietet er in gepflegtem, warmem Ambiente eine ehrliche gehobene Gastronomie mit regionaler und mediterraner Ausrichtung an. Wie finden Sie zum Beispiel Sautierte Zanderbäckchen mit getrockneten Tomaten und Törtchen von Sauerrahm und Bärlauch? Oder Gebratene Wachtelbrust mit Thymianjus und lauwarmem Linsensalat? Sie können sich nicht entscheiden? Dann wählen Sie einfach das Überraschungsmenü mit fünf oder sieben Gängen. Sie speisen im gepflegten Gastraum oder im Sommer auch auf der begrünten Terrasse und lassen sich vom aufmerksamen und zuvorkommenden Service verwöhnen. *Hauptgerichte ab etwa 23 €.*

2,4 km | 3 Min ▶ Hauptstraße 18, 79189 Bad Krozingen–Biengen, Tel. 0 76 33/9 39 19 89. www.zur-krone-biengen.de. Öffnungszeiten: Mi., Do., Fr., So. 12 bis 14 Uhr, Di. und Sa. 18 bis 22 Uhr. Ruhetag: Mo.

HOTEL ALEMANNENHOF ⓔ

Die verkehrsgünstige Lage des 3-Sterne-Hotels, nur acht Kilometer südlich von Freiburg, ist ein Trumpf für das Haus. Von hier aus hat man jede Menge Gelegenheiten für Ausflüge in die Stadt Freiburg, in die Weinregionen Tuniberg, Kaiserstuhl und Markgräflerland sowie in den Hochschwarzwald. Die erst 2013 renovierten Zimmer sind hell, freundlich und modern, mit großzügigen Bädern. Ihren Hunger stillen Sie im hoteleigenen Restaurant, in der warmen Jahreszeit vermutlich auf der geräumigen Gartenterrasse, wo auch im Freien gegrillt wird. *Doppelzimmer mit Frühstück ab 90 €.*

5,6 km | 8 Min ▶ Weberstraße 10, 79227 Schallstadt-Mengen, Tel. 0 76 64/50 60. www.alemannenhof-freiburg.de.

FÜR ENTDECKER >> *Das Thermalbad in Bad Krozingen ist allemal einen Besuch wert: Die Vita Classica Therme ist eine Mineral-Thermalquelle mit besonders hoher Konzentration an feinperliger Kohlensäure. Diese wirkt entspannend, regenerierend und regt die Durchblutung an (www. vita-classica.de).* <<

Zähringer

Tradition und Pioniergeist

Wenn es um biodynamischen Weinbau geht, gehören Wolfgang Zähringer und sein Betriebsleiter Paulin Köpfer zu den großen Pionieren. Bereits 1987 haben sie das traditionsreiche Weingut auf ökologischen Weinbau umgestellt. Mit Fabian Zähringer ist inzwischen die sechste Generation am Ruder, und ebenfalls eine große Bereicherung für den Betrieb. Unzählige Auszeichnungen bestärken die Zähringers darin, die Idee des biodynamischen Weinbaus an ihre zuliefernden Winzer weiterzugeben, was im großen Stil gelang: Mehr als 50 Hektar werden schon auf diese Weise bewirtschaftet. Weitsichtig finde ich auch ihren Zuwachs in Form eines Weinhauses in Zürich. So kommen auch die Schweizer in den Genuss der hervorragenden Markgräfler Weine.

8,6 km | 10 Min ▶ Johanniterstraße 61, 79423 Heitersheim, Tel. 0 76 34/50 48 90. www.weingutzaehringer.de. Öffnungszeiten: Mo.–Fr. 9 bis 12 und 14 bis 18 Uhr, Sa. 10 bis 13 Uhr und nach Vereinbarung.

Die Weine €€

Interessant sind jedes Jahr ihre Vierlig-Weine, nach dem traditionellen 600 Liter fassenden Holzfass benannt. Der *Spätburgunder* aus der Vierlig-Serie (12,40 €) erinnert im Duft an dunkle Beeren, und er vermittelt eine wunderbare Wärme. Beachtlich ist auch der *Cabernet Franc trocken* (12,90 €), der sehr elegant wirkt. Sein Duft versprüht schwarze Johannisbeeren und Holunderblüten. Im Nachhall bleibt er erstaunlich feminin und erinnert an Preiselbeeren. Die weißen Burgundersorten, wie Weiß- und Grauburgunder, aber auch der Chardonnay, spiegeln Badens Stärken wider. Super ist vor allem der *Grauburgunder SZ* (16,90 €). Das Kürzel steht für Selektion Zähringer, die aus einer der besten Lagen stammt: der Heitersheimer Sonnhohle. Am Gaumen spüren Sie sanft den Ausbau im kleinen Eichenholzfass.

SPARGELRESTAURANT UND LANDMARKT BOHRERHOF €€€

Vor allem zur Spargelzeit ist es auf dem Bohrerhof in Feldkirch bei Hartheim sehr belebt. Sogar mit Bussen kommen die Gäste, weil sich das Zeltrestaurant so großer Beliebtheit erfreut. Petra und Bruno Bohrer sind für mich die Spargelbauern par excellence: Bei ihnen können Sie nicht nur viel über den Spargelanbau erfahren, sondern auch Details über die verschiedenen Sorten, die unterschiedlichen Böden oder wie das Stangengemüse am besten geerntet wird. Glücklicherweise haben sie auch außerhalb der Spargelzeit einen großen Landmarkt mit Gemüse und Salaten, frischen Eiern, Bauernbrot, Milch, Joghurt, Käse, Land–Teigwaren, Markgräfler Spezialitäten, Hausmacher Wurst, Schinkenspeck, Marmeladen, Honig, Weinen, Säften, Likören. Und im Herbst werden dann wieder die Genusswochen eingeläutet. *Hauptgerichte im Restaurant Land Live ab etwa 20 €.*

6,1 km | 8 Min Bachstraße 6, 79258 Hartheim, Tel. 0 76 33/92 33 20. www.bohrerhof.de. Öffnungszeiten: 8 bis 20 Uhr, So. und Feiertag ab 11.30 Uhr.

LANDHOTEL UND RESTAURANT KRONE €€

Unser Sohn schwärmt bis heute, dass er im Landhotel Krone eines der besten Kinderessen seines Lebens hatte. Tatsächlich stehen hier auf der Kinderkarte nicht Schnitzel und Spaghetti, sondern zum Beispiel Pastetchen mit frischen Pilzen. Nicht dass jetzt ein falscher Eindruck entsteht – die Küche ist einfach von vorne bis hinten sensationell gut! Im Sommer können Sie im zauberhaften Garten sitzen, ansonsten sind die Stuben sehr heimelig und gemütlich. Auch die Zimmer sind liebevoll ausgestattet und haben mit denen in herkömmlichen Hotels so gar nichts gemein. *Doppelzimmer mit Frühstück ab 106 €.*

8,2 km | 11 Min Hauptstraße 12, 79423 Heitersheim, Tel. 0 76 34/5 10 70. www.landhotel-krone.de.

FÜR ENTDECKER >> *Planen Sie unbedingt einen Rundgang durch die „Fauststadt" Staufen ein. Der wunderschöne mittelalterliche Stadtkern mit seinen verwunschenen Höfen, Brunnen und romantischen Durchgängen versetzt Sie in jene Zeit zurück, als der Magier und Alchimist Doktor Faustus zu Füßen der Staufer Burg versuchte, eine Formel für die Herstellung von Gold zu finden.* <<

Blankenhorn

Heimatverbunden, weltoffen – und nachhaltig

Ich kann mich noch gut erinnern, wie Roy (eigentlich Rosemarie) Blankenhorn vor über 20 Jahren den alteingesessenen Familienbetrieb von ihrem Vater übernahm.

Damals war es lange nicht so selbstverständlich wie heute, dass eine Frau ein Weingut führt. Da ihr Mann einem ganz anderen Beruf nachging, war es kein leichter Weg, den sie eingeschlagen hat. Vor 15 Jahren fügte sie dem Weingut eine Gutsschänke an, seitdem bekommen Sie zu den Weinen auch noch das passende Essen. Seit Sommer 2014 hat das Weingut Blankenhorn einen neuen Besitzer: Martin Männer, gelernter Jurist und angehender Weinakademiker, ist in einem Winzerdorf am Kaiserstuhl aufgewachsen. Nun hat er sich seinen Lebenstraum erfüllt. Gestalten, hinterfragen, anpacken, wo eine Hand gebraucht wird – so sieht er sich. 2018 soll der umfassende Umbau in Keller und Gutshaus abgeschlossen sein. Großen Wert legt Männer auf nachhaltige Produktion: „Wir leben von der Natur und sollten sie entsprechend behandeln."

8,8 km | 10 Min ▶ Basler Straße 2, 79418 Schliengen, Tel. 0 76 35/8 20 00. www.gutedel.de. Öffnungszeiten: Mo.–Fr. 8 bis 12 und 14 bis 18 Uhr, Sa. 9 bis 13 Uhr.

Die Weine ⓔ ⓔ

Natürlich muss man den *Gutedel* probiert haben, aber in den letzten Jahren hat Roy Blankenhorn immer mehr auf moderne Rebsorten gesetzt. Ihr *Chardonnay* besitzt viel Eleganz und ist nicht so breit wie manch internationaler Kollege. Sehr spannend sind die Rotweine, zum Beispiel mein Favorit *Syrah*. Auch der *Cabernet Sauvignon* oder die *Rotweincuvée aus Cabernet & Merlot* sind richtig tolle Essensbegleiter.

ALTE POST ⓔ ⓔ ⓔ

Genauso wie das berühmte Schloss Bürgeln wird auch das Landhotel Alte Post als Heimatsymbol des Markgräflerlandes gesehen. Im 18. Jahrhundert als Posthalterei gebaut, wurde es schon bald als Wirtshaus und Pferdewechselstation genutzt. 1986 erwarb der Hotelier Heinrich Mack das eher marode Anwesen, hat es seither mit seiner Frau Uschi sukzessive wunderschön hergerichtet und die tolle Architektur zu neuem Leben erweckt. Im Restaurant legen die Gastgeber großen Wert auf frische und regionale Produkte. Hier kommen auch Vegetarier auf ihre Kosten, zum Beispiel mit Gebackenem Soja, Leinsaatkaviar, Quinoa-Tatar und Navetten oder Vietnamesischem Pfannkuchen mit Gemüsefüllung und Chili-Koriander-Vinaigrette. Die perfekte Symbiose von alt und modern bildet sich im ganzen Gebäude ab. Die Zimmer haben unterschiedliche Größen und Ausstattungen, alles ist in hellen Hölzern mit warmen Farben gestaltet. Es gibt sogar japanische Zimmer mit Futon & Tatami, schlicht und zurückhaltend. Regionale Produkte haben aber auch im Hotel Priorität: Beim Ausbau wurden ausschließlich einheimische und baubiologisch wertvolle Materialien aus dem Schwarzwald verwendet. *Hauptgerichte etwa 24 €.*

7,8 km | 9 Min ▶ Posthalterweg/An der B 3, 79379 Müllheim, Tel. 0 76 31/1 78 70. www.alte-post.net. Öffnungszeiten: täglich 12 bis 22 Uhr (durchgehend warme Küche, à la carte 12 bis 14 und 18 bis 21 Uhr).

GASTHAUS HOTEL SONNE ⓔ

Der Marktplatz des hübschen Örtchens Schliengen ist gesäumt von Gasthäusern; an Tradition jedoch kann es kaum eines mit der Sonne aufnehmen: Der Wirtshausbetrieb geht mindestens auf das Jahr 1575 zurück und bestand sogar in den Wirren des Dreißigjährigen Krieges fort. Das heutige Fachwerkhaus wurde 1772 gebaut. Als Walter und Cornelia Grim die geschichtsträchtige Gastwirtschaft 1993 übernahmen, steckten sie erst einmal ein ganzes Jahr in Renovierungsarbeiten, bevor sie 1994 eröffneten. Im Jahr 2000 wurden die Zimmer überholt, drei Jahre später folgte ein Neubau mit vier Superior-Zimmern. Alles wirkt unaufgeregt, sympathisch und bodenständig. *Doppelzimmer mit Frühstück ab 68 €.*

8,8 km | 10 Min ▶ Marktplatz 1, 79418 Schliengen, Tel. 0 76 35/2 00 09. www.sonne-schliengen.de.

Hanspeter Ziereisen

Vier Generationen arbeiten Hand in Hand

Hanspeter Ziereisen verkörpert Baden wie kaum ein anderer. Bitte verstehen Sie es nicht falsch, aber für mich ist er ein echter Naturbursche mit hervorragendem Sach-

verstand und kompromisslos, wenn es um Qualität geht. Leider kann ich nicht mehr von einem Geheimtipp sprechen – schon seit Jahren ist er auf den besten Weinkarten vertreten. Hanspeter und seine Frau Edeltraud haben es geschafft, dass vier Generationen Hand in Hand arbeiten. Im Hofladen werden die eigenen Produkte, wie eigenes Obst und Gemüse, Bauernbrot, aber auch Rieslinge berühmter Kollegen angeboten. Während diese ihre (Groß-)Lagen auf das Etikett schreiben, hat sich Hanspeter früh dafür entschieden, an alten Gewannlagen (den „kleinen" Lagennamen) wie Rhini oder Gestad festzuhalten, und somit alle Weine als Landweine zu verkaufen. Eigentlich ist dies die einfachste Qualität im Weinbereich – nicht so im Weingut Ziereisen!

5,2 km | 5 Min ▶ Markgrafenstraße 17, 79588 Efringen-Kirchen, Tel. 0 76 28/28 48. www.weingut-ziereisen.de. Öffnungszeiten: Do. und Fr. 8 bis 12.30 und 14 bis 18.30 Uhr, Sa. 8 bis 12.30 und 14 bis 18 Uhr und nach Vereinbarung.

Die Weine € € €

Alle Weine von der Basisqualität bis zu den Spitzengewächsen werden spontan vergoren und nicht filtriert. Die Spitzenweine werden unter der Bezeichnung Jaspis angeboten. Zu den besten deutschen Rotweinen gehört für mich der *Syrah Jaspis* – maskulin, kraftvoll mit pfeffrigen Aromen, oder seine verschiedenen, sehr ehrlich ausgebauten Spätburgunder. Aber auch für 5,80 € bekommen Sie den sehr guten *Gutedel Heugumber,* der wie alle Weine lange Zeit im Holzfass reifen durfte.

RESTAURANT UND HOTEL TRAUBE ⓔ ⓔ ⓔ

Das stilvolle Bauernhaus aus dem Jahr 1811 steht da wie aus dem Ei gepellt! Wunderschöne Zimmer mit Holzboden, bei denen teilweise die alten Wände freigelegt wurden, sind nach den typischen Markgräfler Rebsorten benannt. Sogar ein neuer Fitness- und Saunabereich samt Wellness-Dusche und Ruheraum stehen Ihnen zur Verfügung. Schon beim Studieren der Speisekarte wird klar, warum Henrik Weisers Restaurant mit einem Michelin-Stern ausgezeichnet ist. Da haben Sie die schwere Wahl, sich zwischen Mosaik von der Kalbsbacke und Entenleber oder Marinierten Langostinos mit Schnittlauchfume und Imperialkaviar zu entscheiden. Ebenso faszinierend ist die perfekt zusammengestellte Weinkarte. Neben den besten Kreszenzen der Region bietet die Weinbibel auch eine ganz hervorragende Auswahl anderer deutscher Anbaugebiete, aber auch meine Lieblinge aus Italien, Frankreich, Spanien oder Österreich. *Hauptgerichte etwa 40 €.*

2,9 km | 6 Min ▶ Alemannenstraße 19, 79588 Efringen-Kirchen/Blansingen, Tel. 0 76 28/9 42 37 80. www.traube-blansingen.de. Öffnungszeiten: Mi.–Fr. 18.30 bis 22 Uhr, Sa. und So. 12 bis 14 und 18.30 bis 22 Uhr. Ruhetage: Mo. und Di.

WALSERS LANDHOTEL & RESTAURANT ⓔ

Seit 140 Jahren ist der Landgasthof diesseits und jenseits der Grenzen ein Publikumsmagnet! Hans-Dieter und Susi Walser haben es geschafft, in dem schönen alten Haus ein stilsicheres, modernes Ambiente zu schaffen. Auch die Küche ist unaufgeregt und aktuell. Die Zimmer sind individuell ausgestattet und sie wirken alle ausgesprochen heimelig. *Doppelzimmer mit Frühstück ab 98 €.*

5,2 km | 6 Min ▶ Bahnhofstraße 34, 79588 Efringen-Kirchen, Tel. 0 76 28/8 05 52 44. www.walsers-hotel.de.

FÜR ENTDECKER >> *Noch über 70 Prozent der Weine Baden-Württembergs werden von Genossenschaften ausgebaut. Die Bezirkskellerei Markgräflerland in der Winzerstraße in Efringen-Kirchen steht sehr zuverlässig für gute Qualitäten und bietet ein reiches Sortiment, vor allem auch an Weinen „für jeden Tag" (www.bezirkskellerei.de).* <<

Claus Schneider

Wunderbar elegante Spätburgunder

Den Namen Schneider gibt es im Markgräflerland häufiger, da muss man also auf-
passen, dass es auch der richtige ist. Das Weingut Claus Schneider jedenfalls spiegelt

die Markgräfler Kultur so
richtig wider. Der bodenständige Familienbetrieb produ-
ziert ausgesprochen klare und
ehrliche Weine, und das zu einem guten Preis-Leistungs-
Verhältnis. Sohn Johannes hat
sich ebenfalls für den Weinbau
entschieden und arbeitet derzeit in einem elsässischen
Weinbaubetrieb. Mit 40 Prozent der zehn Hektar Reb-
flächen entfällt der Löwenanteil auf den Spätburgunder.
Entsprechend hat Claus
Schneider für seine Rotweine auch ein ganz besonderes Händchen. Sie sind sehr
geschliffen, elegant und kommen fast wie eine Ballerina daher.

4 km | 6 Min ▶ Lörracher Straße 4, 79576 Weil am Rhein, Tel. 0 76 21/7 28 17.
www.schneiderweingut.de. Verkaufszeiten: Di.–Fr: 9 bis 12 und 14.30 bis 18.30 Uhr,
Sa: 9 bis 14 Uhr und nach Vereinbarung.

Die Weine €€

Verkosten Sie den *Weiler Schlipf CS trocken*: Sie werden begeistert sein von seiner
klaren, kühlen Stilistik. Er duftet nach frischen Kirschen, Schlehen und ätherischen
Ölen – wie wenn Sie eine Orange schälen. Am Gaumen macht ihn seine feine
Gerbsäure schlank und elegant. Exzellent ist auch der *Pinot Blanc CS trocken*, der eine
unglaubliche Mineralität mitbringt und mit wirklich langem Nachhall ausgestattet
ist. Der *Gutedel CS Weiler Schlipf* gehört zu den besten, die ich kenne. Schon im Duft
wirkt er markant, erinnert an Birnen und Mandeln, ist absolut trocken ausgebaut
und macht Appetit aufs Weitertrinken.

INZLINGER WASSERSCHLOSS ⓔⓔⓔ

Das formidable Wasserschloss ist nicht nur eine Augenweide – es strahlt auch eine ganz besondere Atmosphäre aus: Alles ist so hübsch, gepflegt und liebevoll, dass es für mich fast etwas Märchenhaftes besitzt. Aber was die Familie Beha in die Hand nimmt, macht sie stets mit viel Sorgfalt. So verwöhnen Sepp Beha – und mittlerweile auch seine Tochter Simone – ihre Gäste beispielswiese mit Gedämpftem Atlantiksteinbutt in Beurre blanc mit Cavaillonspargel und La Ratte Kartoffeln oder Kalbsnierle in Senfrahmsauce mit Tagliatelle. Und wenn Sepp Beha ganz gut aufgelegt ist, dann singt er, und zwar richtig gut! Unbedingt zu empfehlen ist auch das moderne, frische, helle Gästehaus. *Hauptgerichte etwa 32 €.*

15,3 km | 18 Min ▶ Riehenstraße 5, 79594 Inzlingen, Tel. 0 76 21/4 70 57, www.inzlinger-wasserschloss.de. Öffnungszeiten: Do.–Mo. 12 bis 24 Uhr (Küche 12 bis 14.15 und 18.30 bis 21.15 Uhr). Ruhetage: Di. und Mi.

HOTEL-RESTAURANT ADLER ⓔⓔ

Seit fast 40 Jahren schätzt man Hansjörg Wöhrle mit seiner Familie für ihre wunderbare Gastlichkeit und exzellente Küche. Nur ganz wenige Spitzenköche hatten über 30 Jahre konstant einen Michelin-Stern! Neben dem Gourmetrestaurant Adler haben Sie auch die Möglichkeit, im Sommer im schattigen Spatzgarten, beziehungsweise im Winter im Kellerrestaurant Spatz regionale Küche zu genießen. Wenn Sie viel Schwizerdütsch hören, dürfen Sie sich nicht wundern: Die grenznahen Schweizer Gäste schätzen Hansjörg Wöhrle ganz besonders. Und in Südbaden klingt der Dialekt auch nicht viel anders … 26 Zimmer laden Sie ein, noch einen Tag länger im Südbadischen zu verbringen. *Doppelzimmer mit Frühstück ab 120 €.*

3,6 km | 5 Min ▶ Hauptstraße 139, 79576 Weil am Rhein, Tel. 0 76 21/9 82 30. www.adler-weil.de.

FÜR ENTDECKER ≫ *Für Fans von Design und zeitgenössischer Architektur ist ein Abstecher zum Vitra Design Museum ein Muss! Der Museumsbau von Frank Gehry, die Werksfeuerwehr von Zaha Hadid und das VitraHaus von Herzog & de Meuron haben 2014 noch einmal Zuwachs bekommen: den Vitra Rutschturm des Künstlers Carsten Höller.* ≪

Württemberg

A 6

A 81

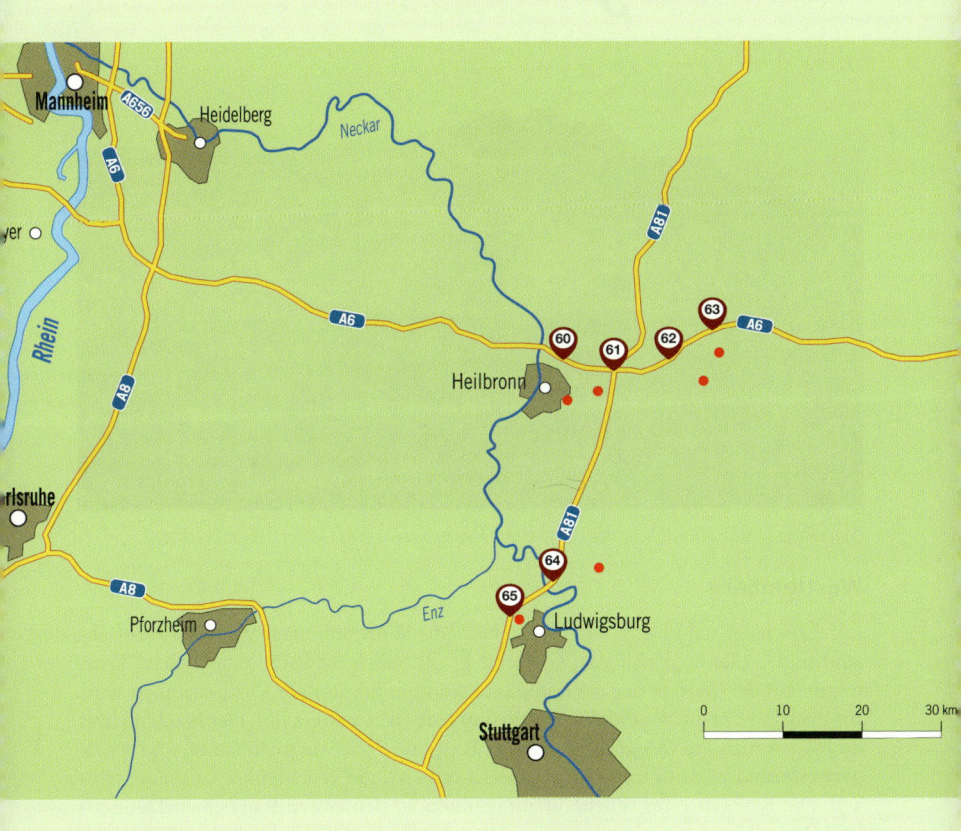

Heimat großartiger Lemberger

Spaziergang mit Rundblick: der Wein- und Rosenrundweg am Weinsberger Weinberg.

Württemberg

Immer wieder staune ich, wie unterschätzt die Württemberger Weine in Deutschland sind – allerdings völlig zu Unrecht! Es gibt übrigens kaum eine andere Weinregion auf der Welt, in der die komplette Weinproduktion vor Ort getrunken wird. Im Prinzip ist es gut für die Winzer, sie sind jedes Jahr ausverkauft. Der Nachteil liegt darin, dass man die Weine außerhalb der Region so gut wie nicht kennt, und witzigerweise sind es dann immer die „Exilschwaben", die Württemberger Weine trinken. Die Rotweine aus Württemberg gehören zu den besten Rotweinen Deutschlands. Vor allem den Lemberger – in Österreich heißt er Blaufränkisch – sehe ich als Rotwein der Zukunft. Lemberger bringt immer sehr dunkelfarbige, kraftvolle und langlebige Rotweine hervor – ungefähr das Gegenteil von dem, was man sich früher unter einem deutschen Rotwein vorstellte. Seine Aromen haben eine faszinierende Würze – Pfeffer, ganz typisch, aber auch Wacholder und Kardamom, gepaart mit dunklen Beeren. Die etwas kräftigere Tanninstruktur verleiht dem Lemberger Langlebigkeit. In der Regel sollte man ihm deshalb vor dem Trinken ein bis zwei Jahre Reife gönnen. Die hohen Qualitäten, die im Barrique gereift sind, können locker zehn bis fünfzehn Jahre liegen. Mittlerweile sorgt die junge Winzergeneration mit Cuvées für viel Furore. Nach Bordelaiser Vorbild sieht sie darin die Königsklasse. Tatsächlich kann der Kellermeister noch kreativer sein: Beispielsweise bringt eine Rebsorte intensive Farbe, eine andere Fruchtigkeit und eine dritte vielleicht das Rückgrat. Ich stelle diese Weine oft in Vergleich mit internationalen Weinen, und ich kann Ihnen sagen, da halten wir locker mit!

Apropos junge Winzer: 2002 taten sich die damals wirklich noch jungen „Wengerter" Jochen Beurer, Sven Ellwanger, Hans Hengerer, Rainer Wachtstetter und Jürgen Zipf als „Junge Schwaben" zusammen. Die Ursprungsidee war typisch schwäbisch: Kosten sparen bei Messen durch gemeinschaftliche Auftritte. Weitsichtig holten sie einen renommierten Weinexperten dazu und probierten und diskutierten über ihre Weine. Heute gehören alle fünf zu den Topproduzenten in Württemberg.

Probieren Sie unbedingt das „Schwäbische Nationalgetränk", den Trollinger. Der leichte, hellfarbige Rotwein wird zwar oft belächelt, ist jedoch sehr bekömmlich und man kann ihn, leicht gekühlt, praktisch zu jeder Tages- und Nachtzeit trinken. Das erklärt auch, warum die Schwaben einen fast doppelt so hohen Weinverbrauch haben wie der deutsche Durchschnitt.

Rotweine aus Württemberg sind langlebig und gehören zu den besten in Deutschland.

Drautz-Able

Bodenständiger und innovativer Familienbetrieb

Wo fange ich bei meiner Schwärmerei über dieses innovative Weingut nur an? Gleich bei den exzellenten Weinen? Oder bei der Senior-Chefin Monika Drautz mit ihrem

großen Herzen, die sich so fürsorglich um alles kümmert, oder lieber bei Markus Drautz, der nach dem Tod des Vaters das anspruchsvolle Weingut so erfolgreich übernommen hat? Sie merken, bei Drautz-Able handelt es sich um einen gesunden, sympathischen Familienbetrieb. Bereits in den 80er-Jahren hatte der Vater mit anderen Winzern die HADES-Gruppe gegründet. Ihr Ziel war es, den Ausbau der Weine im Eichenfass (Barrique) zu fördern. Die Gruppe hat eine neue Vinothek in Heilbronn eröffnet und engagiert sich in der Weinvilla, einem Restaurant mit Vinothek (siehe Entdeckertipp).

4,6 km | 8 Min Faißtstraße 23, 74076 Heilbronn, Tel. 0 71 31/17 79 08. www.drautz-able.de. Öffnungszeiten: Mo.–Fr. 8 bis 12 und 13.30 bis 18 Uhr, Sa. 9 bis 16 Uhr.

Die Weine € €

Vor allem die großartigen Rotweine von Drautz-Able sind sehr geschätzt. Eines der Flaggschiffe ist die *Cuvée Jodukus* aus Merlot, Cabernet Sauvignon und Lemberger – tiefdunkel, kraftvoll, mit einem Duft nach reifen schwarzen Kirschen und dunkler Schokolade. Was dieser Wein in der Nase verspricht, hält er am Gaumen. Mein erklärter Liebling ist der tiefdunkle *Lemberger HADES* mit seinem warmen würzigen Duft. Er erinnert an dunkle Beeren und Pfeffer. Seine reifen Tannine und eine feine, frische Gerbsäure verleihen ihm Finesse und Eleganz. Auch der knackig-frische *Sauvignon Blanc* und die umfangreiche Rieslingauswahl begeistern.

RESTAURANT BACHMAIER ⒠⒠

Bei Ulrike und Otto Bachmaier hat man wirklich den Eindruck, dass ihr modern und liebevoll gestaltetes Restaurant auch ihre Passion ist. Fünf Tische gibt es und wenn das Wetter mitspielt werden diese auf die Terrasse verlegt. Die Gerichte orientieren sich am Tagesmarktangebot oder sogar danach, was die Gärten in der Nachbarschaft gerade hergeben. Kreativ sind die Beschreibungen auf ihrer Speisekarte: „Unsere Menükomponenten des Mittags: Salat aus Olaf Schnelles Kräutergarten oder Kraftbrühe mit Spargel und Schnittlauch, Filet vom Glattbutt oder Ragout von der Kalbsfeder, Frisch gedrehtes Erdbeersorbet mit Rhabarber". Otto Bachmaier können Sie in der offenen Küche übrigens bei der Zubereitung zuschauen. Alles in allem: Ein Kleinod mit viel Liebe zum Detail! *4-Gänge-Menü 41 €.*

4,5 km | 8 Min Untere Neckarstraße 40, 74072 Heilbronn, Tel. 0 71 31/6 42 05 60. www.restaurant-bachmaier.de. Öffnungszeiten: Mi.–Fr. 12 bis 14.30 Uhr (Menübestellung bis 13.30 Uhr), Di.–Sa. ab 18.30 Uhr. Ruhetage: So. und Mo.

INSEL HOTEL HEILBRONN ⒠⒠⒠

Bereits in der dritten Generation lenkt die Familie Mayer die Geschicke des 4-Sterne-Hauses mit 125 Zimmern und Suiten, Hallenschwimmbad, Sauna, Fitnessbereich sowie eigenem Park. Es wurde nach dem Krieg auf der Neckarinsel errichtet. Diese Insellage sorgt für Ruhe, trotzdem ist das Stadtzentrum fußläufig zu erreichen. Das Hotel ist von zeitloser Eleganz mit exzellenter Ausstattung. Im „Schwäbischen Restaurant" wird für das leibliche Wohl gesorgt. Der Name verrät bereits, dass hier regionale Gerichte und natürlich auch Weine im Vordergrund stehen. Doch man kann auch Hochdeutsch und International. *Doppelzimmer mit Frühstück ab 179 €.*

6 km | 10 Min Willy-Mayer-Brücke, 74072 Heilbronn, Tel. 0 71 31/63 00. www.insel-hotel.de.

FÜR ENTDECKER » *16 renommierte Winzer aus der Region sowie die ambitionierte Genossenschaftskellerei Heilbronn-Erlenbach-Weinsberg haben sich im Jahr 2000 zusammengetan, um die Weinvilla mitten in Heilbronn zu betreiben – ein Treffpunkt für Weinliebhaber und Genießer mit Weinverkauf und Restaurant (Weinvilla Heilbronn, Cäcilienstr. 66, 74072 Heilbronn; www.wein-villa.de).* «

Staatsweingut Weinsberg

Immer einen Schritt voraus

Weinsberg ist die älteste Weinbauschule Deutschlands: Sie wurde bereits 1868 von Karl von Württemberg als „königliche Weinbauschule" gegründet. Heute gehört

das Staatsweingut zu den modernsten Weingütern überhaupt. Allein der Keller ist eine Augenweide, ein bisschen gleicht er dem Keller von Château Lafite-Rothschild. Der Verkaufsraum, eine Vinothek, wurde 1999 mit viel Glas und modernen Materialien errichtet und bereits mehrfach mit Architekturpreisen ausgezeichnet. Dabei ist es nicht so, dass hier unglaublich viele Gelder fließen! Das Team unter der Leitung von Dr. Günter Bäder ist vielmehr sehr patent und wartet immer wieder mit frischen Ideen auf, die es dann auch schwungvoll in die Tat umsetzt.

 1,6 km | 5 Min Traubenplatz 5 (Navigationsgerät: Haller Str. 6), 74189 Weinsberg. Tel. 0 71 34/50 41 67. www.sw-weinsberg.de. Öffnungszeiten: Mo.–Fr. 9 bis 17 Uhr. Ruhetage: Sa. und So.

Die Weine €€

Die Weine, die unter der Leitung von Dr. Dieter Blankenhorn entstehen, sind preisgekrönt: Der Pinotage hat den ersten Platz beim Deutschen Rotweinpreis bekommen, und beim Mundus Vini wurde der Spätburgunder als bester Rotwein Deutschlands prämiert. Viel Potenzial und internationales Niveau haben der *Spätburgunder* und *Lemberger Großes Gewächs*. Doch auch eine Kategorie tiefer gibt es richtig gute Weine, etwa die *Rotwein-Cuvée Sie & Er*: violettrot, duftet nach dunklen Beeren und ist schon in jungen Jahren weich und rund. Probieren Sie auch den Weißwein *Justinus K.* mit seinem Duft nach Stachelbeeren, Zitrusfrüchten und Pfirsichen.

BIORESTAURANT UND HOTEL RAPPENHOF ⓔⓔ

In vollkommener Natur mit sensationeller Aussicht können Sie im schönen Wintergarten oder auf der Gartenterrasse des Rappenhofs wunderbar essen. Der Familienbetrieb ist immer gut frequentiert. Küchenchef Thomas Handfest ist die Regionalität und die hohe Qualität seiner Zutaten wichtig. Entsprechend verarbeitet er Bio-Angusrind aus Freilandhaltung, Lammfleisch vom Wanderschäfer sowie Eis vom Bauernhof. Auf der Speisekarte findet man saisonale Köstlichkeiten und schwäbische Klassiker wie Zwiebelrostbraten, Maultaschen und Spätzle. Die Weinkarte bietet eine gute Auswahl an badischen und Württemberger Weinen. *Hauptgerichte etwa 18 €.*

5,2 km | 8 Min Rappenhofweg 1, 74189 Weinsberg, Tel. 0 71 34/51 90. www.rappenhof.de. Öffnungszeiten: Mo.–Sa. 7 bis 24 Uhr, So. 8 bis 22 Uhr (warme Küche 11.30 bis 14 und 18 bis 21.30 Uhr).

HOTEL UND RESTAURANT LUDWIG EINS ⓔⓔ

Idyllisch gelegen am Fuße der Löwensteiner Berge liegt das moderne Hotel mit seiner außergewöhnlichen Verbindung von Design und Natur, Moderne und Tradition. Benannt ist es nach Ludwig I. von Löwenstein, der auf einer nahe gelegenen Burg Wildeck lebte. Die ansprechenden Zimmer sind alle auf dem neuesten Stand, hell und puristisch. So richtig ausspannen und sich verwöhnen lassen kann man bei einer Hot Stone-Massage in dem kleinen, feinen Spa. Neu gestaltet wurde auch das Hotel-Restaurant. Der Schwerpunkt der Küche liegt auf regionalen Produkten, die pfiffig interpretiert werden. Die Weinkarte ist klein und übersichtlich, doch mit einer guten Auswahl regionaler Weine. *Doppelzimmer mit Frühstück ab etwa 140 €.*

8,6 km | 8 Min Heilbronner Straße 16, 74232 Abstatt, Tel. 0 70 62/97 80. www.ludwig-eins.de.

FÜR ENTDECKER >> *Wenn Sie öfters am Weinsberger Kreuz unterwegs sind, kennen Sie die Burgruine Weibertreu vom Vorbeifahren. Es lohnt sich, hinaufzusteigen, den Blick zu genießen – und einen Abstecher zum Museum ins Rathaus der Stadt zu machen, wo in einem eigenen Museum die Geschichte der „Treuen Weiber von Weinsberg" erzählt wird.* <<

Weingut Birkert

Ein Familienbetrieb wie aus dem Bilderbuch

Bei Birkerts ist die Welt noch in Ordnung: Drei quirlige Generationen ergänzen sich wunderbar und bringen regelrecht Farbe in den Alltag. Für Boris Birkert war es von

klein auf klar, dass er einmal Winzer wird. Neben seinem Studium in Geisenheim hat er auch ein Stipendium an der University of California in Davis absolviert sowie ausgiebige Erfahrungen in Südafrika und Burgund gesammelt. Im Jahr 2000 kehrte er nach Hause zurück und übernahm zwei Jahre später mit seiner sympathischen Frau Regina den elterlichen Betrieb. Weithin geschätzt ist die noch so richtig originale Besenwirtschaft des Familienbetriebs. Ganzjährig können Sie dort neben den exzellenten Weinen des Guts auch Obst, Honig, Gelee und die hausgebrannten Obstbrände von eigenen Äpfeln, Birnen, Kirschen, Himbeeren, Brombeeren, Zwetschgen, Schlehen und Mirabellen erwerben.

3,7 km | 5 Min Unterheimbacher Straße 28, 74626 Bretzfeld-Adolzfurt, Tel. 0 79 46/484. www.weingut-birkert.com. Öffnungszeiten Weinverkauf: Mo.–Fr. 8 bis 19 Uhr, So. nach Voranmeldung.

Die Weine €

Wunderbar floral, elegant und geschliffen zeigt sich der *Bretzfelder Goldberg Weißburgunder Spätlese trocken* (6,50 €) oder der mit super-exotischer Frucht, aber auch tiefgründig und mineralisch daherkommende *Sauvignon Blanc* (8,50 €). Die Königsklasse von Boris Birkert sind aber die Rotweine: ob leichter Trollinger (wunderbar zum Vesper oder Picknick), Lemberger oder Cuvées – sie alle sind ganz große Weine zu einem super Preis-Leistungs-Verhältnis.

LANDHAUS RÖSSLE € € €

Im Jahr 2005 haben sich Bernd Pils und seine Frau Inka Thomßen-Pils ihren Lebenstraum erfüllt, indem sie sich mit dem Landhaus Rössle in Bretzfeld selbstständig gemacht haben: ein stilvolles Ambiente mit einem lauschigen Sommergarten für die warme Jahreszeit. Bernd Pils hatte zuvor in mehreren mit Michelin-Sternen dekorierten Häusern gearbeitet, nun interpretiert er mit Leidenschaft und Kreativität regionale Speisen neu und legt dabei großen Wert auf frische, naturbelassene Grundprodukte, vorzugsweise aus der Region. Ein vollendeter Genuss werden seine Menüs durch die Weinempfehlung der Hausherrin und Sommelière Inka. Wer danach nicht mehr weiterfahren möchte, der kann in einem der hellen, großzügigen und liebevoll im Landhausstil eingerichteten Zimmer übernachten. Selbstverständlich erwartet Sie hier am nächsten Morgen ein umwerfendes Landhausfrühstück mit selbst gebackenem Brot und selbst gekochten Marmeladen. *Hauptgerichte etwa 25 €.*

11,3 km | 14 Min Mainhardter Straße 26, 74626 Bretzfeld-Brettach, Tel. 0 79 45/9 11 10. www.roessle-brettach.de. Öffnungszeiten: Mi.–So. mittags ab 12 Uhr, abends ab 18 Uhr. Ruhetage: Mo. und Di.

HOTEL & RESTAURANT BAHNHOF BUSCH €

Der historische Bahnhof von Bretzfeld aus dem Jahr 1862 ist ein echter Hingucker. 2011 hat die Familie Busch vom gleichnamigen Weingut in Bretzfeld den denkmalgeschützten Bahnhof mit viel Aufwand komplett restauriert. Jetzt haben Sie die Möglichkeit, dort zu nächtigen, wo früher der Bahnmeister, sein Gehilfe und das übrige Bahnpersonal wohnten – natürlich mit modernem Komfort. Der ehemalige Wartesaal wurde zum Restaurant umfunktioniert, das sich dem Motto Weingenuss verschrieben hat. Denn die Familie Busch macht hervorragende Weine, vor allem die Lemberger und Spätburgunder sind von ganz großer Güte. Wirklich wunderbar ist ihre Speisekarte, etwa der Bretzfelder Teller mit Schweinemedaillons, Rauchfleisch, Bratwürstchen in feiner Lemberger-Pilzsauce mit Spätzle. Zu jedem Gericht gibt es glasweise einen passenden Wein. In der angeschlossenen Vinothek hat man die Möglichkeit, die Weine des Weinguts Busch zu erwerben und sie vielleicht gleich als Mitbringsel hübsch verpacken zu lassen. *Doppelzimmer mit Frühstück ab 85 € (inkl. S-Bahn-Ticket).*

2,8 km | 4 Min Bahnhofstraße 23, 74626 Bretzfeld, Tel. 0 79 46/9 47 38 94. www.bahnhof-busch.de.

Fürst Hohenlohe-Öhringen

Kultwein: Ex flammis orior

Zu den ersten großen Rotweinen aus Württemberg gehörten vor 25 Jahren der Verrenberger Verrenberg Lemberger und die Rotwein-Cuvée Ex flammis orior.

Beide sind noch heute absolute Glanzstücke des fürstlichen Weinguts. Bereits 1253 begann die Familie mit dem Weinbau – zu einer Zeit, in der es nur dem Adel und Klöstern gestattet war, Wein zu machen. Heute wird Hohenlohe-Öhringen in der 27. Generation geführt. Doch von Müdigkeit keine Spur! Von den 20 Hektar Rebfläche liegen 17 Hektar in der Monopollage Verrenberger Verrenberg. Mittlerweile wurde das Gut auf ökologischen Weinbau umgestellt. Für eine perfekte Verarbeitung der Trauben wurde eine sensationelle neue Kellerei gebaut, in die viel internationale Erfahrung geflossen ist. Der Bau fügt sich gut in die Landschaft ein, denn der Keller wurde größtenteils unterirdisch angelegt. Zur Stärkung nach der Weinprobe kann ich Ihnen empfehlen, in der Wiesenkelter am Fuße der Monopollage Verrenberger Verrenberg einzukehren.

3,7 km | 6 Min ▸ Wiesenkelter, 74613 Öhringen Verrenberg, Tel. 0 79 41/9 49 10. www.verrenberg.de. Öffnungszeiten: Mo.–Fr. 9 bis 18 Uhr, Sa. 10 bis 14 Uhr.

Die Weine ⓔ ⓔ

Die *Rotwein-Cuvée Ex flammis orior* aus Lemberger, Cabernet Franc und Merlot ist wie ein Bordeaux gearbeitet. Tiefschwarz steht der Wein im Glas und duftet trotz seiner enorm konzentrierten Art sehr floral, zugleich erinnert er an Himbeeren und Zimt. Im Mund entfaltet er seine ganze Kraft und Üppigkeit, wirkt dabei verwoben, und Sie spüren ihn noch lange im Nachhall. Doch auch der *Gutswein Riesling* mit seiner feinen Zitrusfrische und charaktervollen Art macht viel Freude.

WÜRTTEMBERGER HOF ⓔ ⓔ

Das große, stattliche Hotel diente schon vor über 200 Jahren als Posthalterei. Heute ist der familiengeführte Betrieb bekannt für seine regionale Küche mit wechselnden Tagesgerichten. Ein junges und motiviertes Küchenteam zaubert für Fleischesser, Veggies, Wildliebhaber, Meeresgötter und Freunde der süßen Versuchung Überraschendes und Traditionelles. Wie wäre es beispielsweise mit Rieslingsuppe nach altem Rezept von Anna Stapf mit überbackenem Käse-Croûton und dem dazu passenden Riesling? Oder dem schwäbischen Klassiker Zwiebelrostbraten vom Hohenloher Rind mit hausgemachtem Maultäschle, Spätzle und Salat? Vegetarier werden sich über Grünkernbratlinge mit Rahmgemüse und Salat freuen. Wer nach der Schlemmerei dableiben möchte, kann in einem der modernen Zimmer übernachten und den Tag im Wellnessbereich ausklingen lassen. *Hauptgerichte ab etwa 14 €.*

2,3 km | 5 Min Karlsvorstadt 4, 74613 Öhringen, Tel. 0 79 41/9 20 00. www.wuerttemberger-hof.de. Öffnungszeiten: 11.30 bis 14 Uhr und 18 bis 22 Uhr (warme Küche). Ruhetag: So.

WALD- & SCHLOSSHOTEL FRIEDRICHSRUHE ⓔ ⓔ ⓔ

Nomen est omen: Friedrichsruhe ist eine Oase der Ruhe, die in einen großzügigen Park und Wald eingebettet ist. 2005 hat der Unternehmer Reinhold Würth das Resort übernommen. Nach der Hotelrenovierung 2008 wurde auch das 4400 Quadratmeter große, mehrfach ausgezeichnete Spa Haus eröffnet. Mein Tipp: Probieren Sie unbedingt die sensationelle SanVino-Weinwellness-Linie und die wunderbaren hauseigenen Produkte auf der Basis von kalt gepresstem Traubenkernöl. Gleich neben dem Hotel befindet sich der geschätzte 27-Loch-Golfplatz. Spätestens nach einer Runde wird es dann Zeit, eines der Restaurants im Hotel aufzusuchen. Im Gourmet-Restaurant kocht seit 2009 Boris Benecke. Sein Stil ist berühmt für seine leichte Aromenküche. Ihm zur Seite stehen Maître Dominique Metzger und Sommelier Jochen Benz. Am besten bleiben Sie gleich noch einen Tag länger, denn die hervorragend bestückte Weinkarte lädt zum Verweilen ein. Auch das Restaurant Jägerstube mit den regionalen Gerichten ist einen Besuch wert. Hier genießen Sie beispielsweise Geschmorte Keule vom Mäusdorfer Landgockel mit Frühlingsgemüse, Gnocchi und Schnittlauchjus. *Doppelzimmer mit Frühstück ab 300 €.*

8,7 km | 11 Min Kärcherstraße 11, 74639 Zweiflingen, Tel. 0 79 41/6 08 70. schlosshotel-friedrichsruhe.de.

Graf Adelmann

Herrschaftliche Parkanlage

Die Burg Schaubeck wirkt eher trutzig, doch die Hausherren verstehen es ganz gut, eine spielerische Leichtigkeit hineinzubringen. Der wunderschöne Park ist gepflegt und die Pfaue stolzieren einem zur Begrüßung entgegen, so wie es früher zu Königs Zeiten der Fall war. Bekannt ist die Burg auch für ihre tollen Events: Neben besonderen Weinveranstaltungen kann ich Ihnen das alljährliche Kammermusikfestival im Frühsommer ans Herz legen. Kultur in allen Schattierungen nimmt bei Familie Graf Adelmann einen hohen Stellenwert ein. Ich kann mich noch gut erinnern, wie Michael Graf Adelmann die ersten Rotwein-Cuvées ausbaute und die HADES-Gruppe mitbegründete. Fünf »Wengerter« schlossen sich in den 80er-Jahren zusammen, um sich voll und ganz dem Ausbau in Barriquefässern zu widmen – mit großem Erfolg! Noch immer gehören die HADES-Winzer zu den Topproduzenten in Deutschland. Heute weht wieder ein frischer Wind durch die Burg: 2011 hat nach zahlreichen nationalen und internationalen Erfahrungen der junge Graf Felix das Traditionsweingut übernommen.

7 km | 11 Min Auf Burg Schaubeck, 71711 Steinheim-Kleinbottwar, Tel. 0 71 48/92 12 20. www.graf-adelmann.com. Verkaufszeiten: Mo.–Fr. 9 bis 12 Uhr und 14 bis 18 Uhr, Sa. 9 bis 13 Uhr. Jeden 1. Sonntag im Monat 13 bis 17 Uhr.

Die Weine € €

Graf Adelmanns Rieslinge sind schlank und elegant. Ganz groß sind für mich seine Rotwein-Cuvées, etwa *Herbst im Park* und *Carpe Diem*. Während der erste sich kräuterig, fein geschliffen und mit zarten pfeffrigen Aromen präsentiert, ist *Carpe Diem* ein üppiger Kraftprotz – tiefschwarz und mit einem Duft nach Zimt, Wacholder, Pflaumen. Am Gaumen spüren Sie seine satte Tanninstruktur und fleischige Art.

WENGERTERSTÜBLE IM WEINGUT BRUKER (€)

Ein richtig gewachsener Familienbetrieb. In vierter Generation betreibt das sympathische Ehepaar Tanja und Markus Bruker das beliebte Weingut mit Hotel, Wengerterstüble und Besenwirtschaft. Wie früher üblich, hatte Familie Bruker ursprünglich einen gemischten Betrieb aus Weinbau und Landwirtschaft. In den 80er-Jahren, nach ersten Weinauszeichnungen, entschieden sie sich dafür, sich ausschließlich dem Weinbau zu widmen. Im Wengerterstüble erfreut sich neben herzhafter Vesper und Flammkuchen vor allem die Schlachtplatte mit Leber- und Griebenwurst, Salzfleisch und Kraut großer Beliebtheit. Bei den Weinen erwartet Sie ein gutes Preis-Leistungs-Verhältnis: Kraftvolle fruchtige Weißweine, wie Sauvignon und Riesling, aber auch hervorragende Rotweine werden Sie überzeugen. Brukers Lemberger verfügen über eine tolle Balance zwischen Kraft und geschliffener Art. Am Gaumen zeigen sie dunkle Beeren, Extrakte und wirken regelrecht verführerisch. Hübsche Zimmer laden die Gäste dazu ein, vielleicht doch noch einen Tag länger zu verweilen. Sauna und Dampfbad werden im Sommer durch einen kleinen Außenpool ergänzt. *Hauptgerichte ab etwa 7 €.*

5,6 km | 6 Min Kleinaspacher Straße 18, 71723 Großbottwar, Tel. 0 71 48/92 10 50. www.hotel-bruker.de. Öffnungszeiten: Di.–Fr. 11 bis 14 Uhr und ab 17 Uhr, Sa.–So. ab 11 Uhr. Ruhetag: Mo.

HOTEL ZUM OCHSEN (€)(€)

Der Ochsen ist der älteste Landgasthof der Region und stammt aus dem 17. Jahrhundert. Seit 1923 wird er als Familienbetrieb geführt, heute in der dritten Generation von Renate und Ernst Schick. Das Hotel wurde 1979 erbaut und zuletzt 2010 renoviert. Insgesamt 30 individuell und modern eingerichtete Zimmer im Landhausstil stehen für Gäste bereit. In den behaglichen Gaststuben – im Sommer auch im Pavillon – erwartet Sie die rustikale Gemütlichkeit der guten alten Zeit. Regionale Spezialitäten und schwäbische Traditionsgerichte werden aus Produkten der Umgebung hergestellt. So stammt das Fleisch aus der bäuerlichen Erzeugergemeinschaft Schwäbisch-Hall, das Wild aus dem heimischen Jagdrevier. Der Service in Hotel und Gasthaus ist ausgesprochen freundlich und aufmerksam – eben wie in einem Familienbetrieb. *Doppelzimmer mit Frühstück ab etwa 100 €.*

13,5 km | 14 Min Großbottwarer Straße 31, 71720 Oberstenfeld, Tel. 0 70 62/93 90. www.hotel-gasthof-zum-ochsen.de.

Herzog von Württemberg

Vielseitiges Ausflugsziel

Herzog Michael von Württemberg führt erfolgreich weiter, was seit dem 13. Jahrhundert Bestand hat: Weinbau in der königlichen Familie. Mit rund 40 Hektar Reb-

flächen in den besten Lagen kann Herzog Michael alles: mineralische, schlanke fruchtbetonte Rieslinge aus den extremen steilen Lagen, aber auch moderne Rebsorten wie Sauvignon Blanc, Merlot oder Cabernet Sauvignon. In den letzten Jahren hat das Weingut die Qualität seiner Rotweine enorm gesteigert. Früher wurden die Weine im Keller unter dem Alten Schloss in Stuttgart ausgebaut. Gott sei Dank entschied sich Herzog Michael, den Keller ins Schloss Monrepos zu verlegen. Das Schloss liegt inmitten der Weinberge und der größere Keller bietet viel Platz für modernste Technik. Monrepos beherbert jedoch nicht nur den Keller, sondern auch eine Vinothek, in der man die Weine verkosten und kaufen kann, eine Gutsschenke mit feiner Küche und wunderschöner großzügiger Terrasse unter alten Kastanienbäumen sowie ein 4-Sterne-Hotel.

4,2 km | 4 Min ▸ Monrepos 9, 71634 Ludwigsburg, Tel. 0 71 41/22 10 60. www.weingut-wuerttemberg.de. Öffnungszeiten Vinothek Schloss Monrepos: Mo.–Fr. 10 bis 12 und 13 bis 18 Uhr, Sa. 10 bis 16 Uhr.

Die Weine € €

Der *Maulbronner Eilfinger Lemberger Erste Lage trocken* zeigt eine tolle Würze, und erinnert an Pfeffer und dunkle Beeren. Auch am Gaumen behält er sein Beerenaroma. Zu meinen Favoriten gehört der exzellente Riesling aus der Lage *Stettener Brotwasser*. Wunderbar frisch, leicht und verspielt kommt er daher, sein Duft erinnert an Zitrusfrüchte und noch mehr an frische Kräuter.

HOTEL & RESTAURANT ADLER €€ €€

Für Feinschmecker ist der „Adler" mit den Restaurants Schwabenstube und Brasserie Aguila das kulinarisches Mekka der Region. In der Brasserie sind die „Schwabbas" Kult – ein einzigartiger Mix aus spanischen Tapas und schwäbischen Gerichten. In der Schwabenstube, die mit einem Michelin-Stern ausgezeichnet wurde, schmelzen Sie bei den Kreationen von Küchenchef Philip Rümmele dahin. Er zaubert etwa: Taschenkrebs/rosa Grapefruit/Kaiserschote/Krustentier-Emulsion oder Rinderfilet/Pak Choi/Rettich/schwarzer Knoblauch. Christian und Dory Ottenbacher bewahren vorbildlich 120 Jahre Familientradition in dem wunderschönen Fachwerkhaus. 70 individuell gestaltete Zimmer und ein Hallenbad laden zum Verweilen ein. *Hauptgerichte im Aguila ab etwa 17 €, in der Schwabenstube ab etwa 35 €.*

4,5 km | 9 Min Stuttgarter Straße 2, 71679 Asperg, Tel. 0 71 41/2 66 00. www.adler-asperg.de. Öffnungszeiten Brasserie Aguila: Mo.–Fr.18 bis 23.30 Uhr, So. 17.30 bis 22 Uhr. Ruhetag: Sa. Öffnungszeiten Schwabenstube: Di.–Sa. 18.30 bis 23.30 Uhr, Sa. auch 12 bis 14 Uhr. Ruhetag: So. und Mo.

ROMANTIK HOTEL FRIEDRICH VON SCHILLER €€ €€

Das hübsche historische Haus kann auf eine lange Geschichte zurückblicken. 1988 wurde es von den wunderbaren Gastgebern Regine und Burkhard Schork übernommen. Der Küchen- und Metzgermeister Burkhard Schork kocht eine außergewöhnliche regionale Küche mit mediterranen Einflüssen. Die hübsch restaurierten Zimmer sind nach Schillers großen Werken benannt: Wallenstein, Die Räuber oder Wilhelm Tell. Wunderschöne Barocksessel wurden perfekt zu den teilweise modernen Einrichtungselementen integriert. Und natürlich liegt eine Ausgabe von Schillers Werken zum Schmökern bereit. *Doppelzimmer mit Frühstück ab etwa 130 €.*

6,4 km | 11 Min Marktplatz 4+5, 74321 Bietigheim-Bissingen, Tel. 0 71 42/9 02 00. www.friedrich-von-schiller.com.

FÜR ENTDECKER >> *Der hübsche Eglosheimer See mit dem barocken Seeschloss Monrepos und der großzügigen Parkanlage lädt zu ausgiebigen Spaziergängen ein.* <<

Restaurants & Hotels

Bildnachweis